百年百部中国儿童文学经典书系

A Hundred Books of the
Chinese Children Literary
Classics in the 20th Century

我要做好孩子

I Want to Be
a Good Kid

黄蓓佳

Huang Beijia

湖北长江出版集团

湖北少年儿童出版社

HUBEI CHILDREN'S PRESS

作家简介
ZUOJIA JIANJIE

　　黄蓓佳，1955 年 6 月 27 日出生于江苏省如皋市。1977年考入北京大学中文系文学专业，毕业后曾在江苏省外事办公室工作三年，1984 年成为江苏省作家协会专业作家。现任中国作家协会全委，江苏省作协副主席、创作室主任，江苏省第七、八、九届政协委员。1973 年开始发表小说作品，出版各种著作三十余部，六百余万字，其中包括长篇小说、中篇小说集、散文随笔集、儿童文学作品集。有多部作品被改编为电影和电视剧。一些作品被翻译成英、法、俄、日、德文介绍到国外。曾多次获得“全国优秀儿童文学奖”、“全国优秀儿童图书奖”、“宋庆龄儿童文学奖”等国家大奖，并获得“江苏省紫金山文学奖”等省级文学奖项数十个。

总序

现代中国儿童文学已经走过了整整一个世纪曲折而辉煌的历程。回顾百年中国儿童文学，我们心潮涌动，激情难抑。

一

在中国，"'儿童文学'这名称，始于'五四'时代"（茅盾《关于"儿童文学"》）。更具体地说，作为一种新式文学类型的儿童文学是从 20 世纪初叶开始逐渐为中国人所认识和流传开来的。当时代进入五四新文化运动，这种具有现代性观念和形式的文类得到了超常规的发展，因而"儿童文学"这名称很快被国人所接受。"儿童本位"、"儿童文学"，一时成了文学界、教育界、出版界"最时髦、最新鲜、兴高采烈、提

1

倡鼓吹"(魏寿镛等《儿童文学概论》1923 年版)的热门话题。

　　尽管"儿童文学"这名称是在 20 世纪初才出现在中国的，但这并不意味着中国古代儿童也即我们的祖先对文学的接受是一片空白。正如世界各民族的文化有其独特性一样，在中国文化传统与文学传统的影响和作用下，中国古代儿童接受文学的方式与阅读选择也有其明显的独特性，这有民间讲述、蒙学读本传播和儿童自我选择读物三种途径，尤其是民间讲述。证诸史实，中国古代儿童接受的文学形式，主要是民间群体生产的口头文学作品，其中大量体现为民间童话与童谣。学界的研究表明，中国古代民间童话的遗产相当丰富，例如"灰姑娘型"文本《酉阳杂俎·吴洞》比之欧洲同类型童话还要早出七八百年。因而有论者这样断言："中国虽古无童话之名，然实固有成文之童话，见晋唐小说。"(周作人《古童话释义》)正因如此，当我们回顾历史时，那种认为中国儿童文学是从 1909 年商务印书馆编印《童话》丛书，或是从 1921 年叶圣陶创作《小白船》开始的说法是需要商榷的。如果我们承认民间文学是文学，民间童话与童谣(已被古人用文字记录下来的作品)属于儿童文学范畴，那么，很显然，中国儿童文学的来龙去脉自然可以提前到"儿童文学"这一名称出现之前。我们认为，那种对民族文化与文学传统采取历史虚无主义的态度是需要加以讨论和正视的。对待历史，我们必须采取审慎和"同情的理解"的态度。

二

　　我们一方面需要尊重历史,同时需要用发展的观念考察
和疏证历史。尽管中国儿童文学的来龙去脉可以追溯到"儿
童文学"这一名称出现之前,但现代中国儿童文学则是全部
中国儿童文学历史中最为丰富最激动人心最值得大书特书的
篇章。

　　现代中国儿童文学是指起始于 20 世纪初叶用现代语言
与文学形式,表现现代中国人尤其是中国少年儿童的现实生
活与思想、感情、心理的文学,是一种自觉地全方位地服务
服从于中国少年儿童精神生命健康成长的文学,至今已有一
百年上下的历史。1902 年黄遵宪尝试用白话文创作的儿童
诗《幼稚园上学歌》,1909 年商务印书馆出版孙毓修编译的
童话《无猫国》,1919 年《新青年》杂志刊发周作人翻译的安
徒生童话《卖火柴的女儿》,是现代中国儿童文学生发兴起的
重要文学事件与表征。特别是经过五四新文化运动的洗礼,
周作人于 1920 年发表提出全新儿童文学观念的论文《儿童的
文学》,郑振铎于 1921 年创办中国第一种纯儿童文学杂志
《儿童世界》,叶圣陶于 1923 年出版中国第一部原创短篇童
话集《稻草人》,冰心于 1923 年推出原创儿童散文《寄小读
者》,这是中国儿童文学新观念、新作品、新思维形成与奠
基的标志性象征与成果,其中的重中之重当数叶圣陶的《稻
草人》。这部辑录了 23 篇短篇童话,体现出"把成人的悲哀

3

显示给儿童"（郑振铎《〈稻草人〉序》）的为人生而艺术的儿童文学思想的童话集，得到了鲁迅的高度肯定与赞誉，被誉为"给中国的童话开了一条自己创作的路"（鲁迅《〈表〉译者的话》）。"稻草人"的道路实质上就是高扬现实主义精神的中国原创儿童文学的成长、发展的道路。这条道路经由上个世纪20年代叶圣陶开创、30年代张天翼《大林和小林》的推进，源远流长地延续至今，形成了现代中国儿童文学的创作主潮，体现出自身鲜明的民族特色、时代规范与审美追求。这主要有：

第一，直面现实，直面人生，始终紧贴着中国的土地，背负着民族的希望。这中间有一个转换。20世纪早中期的儿童文学创作与观念，主要直面的是成年人所关切的中国现代社会问题和历史课题，围绕着成年人的革命、救亡、战争、运动、意识形态等展开艺术实践，从中展现出中国儿童的生存状态与精神面貌。八九十年代是中国儿童文学发展史上最重要的转型时期，这一时期观念更新所带来的最深刻变化，就是将以前的"成人中心主义"转向以儿童为中心，直面的现实则由成年人的现实转向儿童的现实，努力贴近儿童的现实生存与生活状况，贴近儿童的精神生命"内宇宙"，贴近儿童的审美意识与阅读接受心理，使儿童文学真正走向儿童。这是百年中国儿童文学的"革命性位移"。新时期儿童文学蔚为壮观的原创生产的突破、变革与发展，正是这一"革命性位移"的审美嬗变的结果。

第二，强调文学的认识、教化功能与作家作品的社会责任意识。从上个世纪 20 年代郑振铎提出儿童文学要把"成人的悲哀显示给儿童"(《〈稻草人〉序》)，郭沫若提出儿童文学要"导引儿童向上，启发其良知良能"(《儿童文学之管见》)，30 年代茅盾提出儿童文学"要能给儿童认识人生"、"构成了他将来做一个怎样的人的观念"、"助长儿童本性上的美质"(《关于"儿童文学"》、《再谈儿童文学》)，张天翼提出儿童文学要告诉儿童"真的人，真的世界，真的道理"(《〈奇怪的地方〉序》)，50 年代陈伯吹提出"儿童文学主要是写儿童"、"要以同辈人教育同辈人"(《论儿童文学创作上的几个问题》)，到 80 年代曹文轩提出"儿童文学作家是未来民族性格的塑造者"、"儿童文学承担着塑造未来民族性格的天职"(《觉醒、嬗变、困惑：儿童文学》)，新世纪初曹文轩又提出"儿童文学的使命在于为人类提供良好的人性基础"(《文学应该给孩子什么?》)，受这些 20 世纪重要儿童文学观与价值取向的深刻影响，百年中国儿童文学在与社会与时代无法也无须割舍的联系中，一以贯之地承担起了自己对未来一代精神生命健康成长的文化担当与美学责任，并创造出自己的象征体系与文类秩序。

第三，不断探索，不断创新，不断追求民族化与现代化的统一，思想性、艺术性与儿童性的统一，追求儿童文学至善至美至爱的文学品质。

百年中国儿童文学与传统文学相比，是一种具有"文学

的现代化"特质的全新文学。儿童文学的现代化首先体现在
"儿童观"的转变上。从视儿童为"缩小的成人"的传统观念，
到五四时期的"救救孩子"、"儿童本位"，到共和国成立后的
"红色儿童"、"革命接班人"，到新世纪的"儿童权利"、"儿
童生存、保护和发展"，百年中国儿童文学演进的各个历史
时期无不与中国人儿童观的更新与转型紧密相联。儿童观导
致建构儿童文学观，儿童文学观影响制约儿童文学的创作、
批评与传播。百年中国儿童文学所经历的重要文学事件与理
论交锋，例如20年代的"神话、童话是否对儿童有害"的辩
论，30年代的"鸟言兽语之争"，40年代的"儿童文学应否
描写阴暗面"的讨论，50年代有关童话体裁中幻想与现实的
关系的讨论，60年代的对"童心论"、"古人动物满天飞"的
无端批判，80年代以后关于儿童文学的教育性与趣味性、儿
童化与成人化、儿童文学的特殊性与一般性的探讨，无一不
与儿童观/儿童文学观相关。特别是新时期出现的一些重要
儿童文学理论观念，如"儿童文学的三个层次"、"儿童反儿
童化"、"儿童文学的三大母题"、"儿童文学的双逻辑支点"、
"儿童文学的成长主题"，以及"儿童文学的文化批评"、"儿
童文学的叙事视角"、"儿童文学的童年记忆"等，同样无一
不是儿童观/儿童文学观的更新的表征与产物，同时又极大
地提升了儿童文学的学术品质，促进了儿童文学创作生产力
的解放。百年中国儿童文学正是在螺旋式的矛盾张力中发展
的。中国儿童文学作家、批评家为此展开了持续不断的思想

交锋与艺术探索和实践，同时积累了丰富的经验和教训。

　　百年中国儿童文学的"文学现代化"更深刻地体现在文学语言与形式的变革，以及与此相联系的儿童文学文体建设与审美创造方面，这是一个关系到儿童文学之所以为儿童文学的复杂的艺术课题。经过整整一个世纪的探索与创造，中国儿童文学不仅在如何处理诸如"儿童文学与政治"、"儿童文学与教育"、"儿童文学与童心"、"儿童文学的继承与创新"、"儿童文学与外来影响"、"儿童文学与儿童接受"、"儿童文学与市场"、"儿童文学与影视网络"等这类艺术难题方面蹚出了一条行之有效的路径，不断作出自己的思考与选项，而且在创作方法的选择，文学语言的规范，小说、童话、诗歌、散文、儿童戏剧各类文体的内部艺术规律的建构，如小说中的成长小说、动物小说、科幻小说，童话方面的幻想性、逻辑性、夸张性、象征性问题，诗歌中的幼儿诗、儿童诗、少年诗，幼儿文学中的图画书、低幼故事、儿歌，以及文学名著"少儿版"的改写等等，经由几代作家以极大的艺术匠心前仆后继的创造性劳动，终于在世界儿童文学艺术之林中树立起了充满鲜活的中国特色与审美趣味的艺术华章。也正是在这样的艺术探索和审美追求过程中，终于产生了叶圣陶、冰心、张天翼、陈伯吹、严文井、曹文轩、秦文君这样的足以显示百年中国儿童文学已经达到的水平的标志性作家，以及一大批各具特色的著名儿童文学小说家、散文家、诗人、戏剧家、儿童文学理论家与批评家。他们艰苦卓绝的艺术创造所获得的百年儿童文学经典,已经成为滋养中国少年儿童精神生命的文学养料,中小学语文教育的重要资源,并且创造出了 20 世纪中国文学新的人物谱系 (20 世纪中国文学创造的人物谱系除农民、知识分子、妇女外,还有儿童形象的谱系),极大地丰富了中国与世界儿童文学的艺术宝库。

三

文学是人学,儿童文学是人之初的文学。人之初,性本善。儿童文学是人生最早接受的文学。那些曾经深深感动过少年儿童的作品,将使人终身难忘,终生受惠。在今天这个传媒多元的时代,我们特别需要向广大少年儿童提倡文学阅读。文学阅读不同于知识书、图画书、教科书的阅读。文学是以血肉丰满的人物形象和动人心弦的艺术意境,是以审美的力量、情感的力量、精神的力量、语言的力量打动人、感染人、影响人的。我们认为,用优秀文学作品滋养少年儿童的心田,培育未成年人精神生命的健康成长,来一个我们民族自己的原创经典儿童文学的社会化推广与应用,是一件意义重大、十分适时的新世纪文化建设工程。为此,我们特选编《百年百部中国儿童文学经典书系》(以下简称《百年经典》),并由一贯重视打造高品质、精制作图书品牌的湖北少年儿童出版社精编精印出版;同时,《百年经典》的选编出版，也是对已经过去的 20 世纪初叶以来中国儿童文学现代化进程的百年回顾、梳理和总结，用以承前启后，借鉴历史，促进新世纪儿童文学的发展繁荣。

经典性、权威性、可读性和开放性是《百年经典》锁定的主要目标。

第一，《百年经典》是有史以来中国儿童文学最大规模的系统梳理与总结。我们将精心选择 20 世纪初叶至今 100 年间的 100 位中国儿童文学作家的 100 部优秀儿童文学原创作品。《百年经典》的入围尺度界定在以下几个方面：一是看其作品的社会效果、艺术质量、受少年儿童欢迎的程度和对少年儿童影响的广度，是否具有历久弥新的艺术魅力，穿越时空界限的精神生命力。二是看其对中国儿童文学发展的贡献，包括语言上的独特创造，文体上的卓越建树，艺术个性上的鲜明特色，表现手法上的突出作为，儿童文学史上的地位意义。三是看作家的创作姿态，是否出于高度的文化担当与美学责任，是否长期关心未成年人的精神食粮，长期从事儿童文学创作。

第二，《百年经典》是现当代中国儿童文学最齐全的原创作品总汇。这表现在：囊括了自 20 世纪五四新文化运动前后以来中国五代儿童文学作家中的代表人物；入围的 100 位作家体现出中华民族的多民族特色，同时又有海峡两岸三地的全景式呈现；百部作品涉及到现代性儿童文学的所有文体，因而也是文体类型最齐备的中国儿童文学原创总汇。

第三，精品的价值在于传世久远，经典的意义在于常读常新。我们认为，只有进入广大少年儿童的阅读视野并为他们喜爱、接受的作品，才具有经典的资质与意义。我们将以符合当代少年儿童审美习惯与阅读经验的整体设计和策划组合，让新世纪的小读者和大读者接受并喜欢这些曾经深深感动过、滋养过一代又一代少年儿童的中国原创儿童文学经典作品。同时，我们也把《百年经典》作为一个开放式的儿童文学品牌工程，计划在今后收入更多新人的优秀之作，努力将本书系打造成新世纪中国优秀儿童文学作品的建设、推广基地。

《百年经典》既是有史以来中国原创儿童文学作品的集大成出版工程，也是具有重要现实意义和历史价值的文化积累与传承工程，又是将现代中国儿童文学精品重塑新生的推广工程。我们坚信，继往开来、与时俱进的新世纪中国儿童文学，必将在不断实现艺术创新与高贵品质的进程中，对培育中华民族未来一代健全的精神性格、文化心理、国民素质产生更加积极、深广的潜移默化的作用和影响。

《百年百部中国儿童文学经典书系》高端选编委员会

2005 年 12 月 16 日于北京

目　录

作家与作品

一 关于主人公简短和必要的介绍

金铃，女，刚过 11 周岁生日，在本市新华街小学读六年级。身高 1.55 米，体重 50 公斤，标准的重量级选手。因为胖，脸、鼻子、嘴巴都是圆嘟嘟的，一看就叫人喜欢，一喜欢就忍不住要在她脸上揪一把。金铃从小长到大，脸蛋上被人揪过上千回，用她的话说，都快被揪出老茧来了。

金铃最大的特点是跟谁都能够"自来熟"，男女老幼尊卑贵贱，她一概都能搭得上话、聊得上共同的话题，时不时还把对方逗得哈哈大笑。从她的学校到家，一路上要经过四个小杂货店、三个小吃摊、一个美发厅、一个修自行车摊，还有一个新开张的礼品店。这些店里的老板和伙计，都是金铃的忘年交。

放了学，书包背在肩上，她晃晃悠悠地走过来，伸头向杂货店的柜台里仔细看，有没有新到什么好吃好玩的东西？包装袋里夹着塑料恐龙的粟米脆啦，编十字架的空心玻璃绳啦，最热门的动画片人物玩具啦。无论店主多么漫不经心地把这些东西放在多么不起眼的旮旯里，金铃总能一眼将它们寻找出来，掏钱买上一个，或者仅仅让老板拿出来给她摸一摸再放回去。

然后她去小吃摊找她的老朋友——一只浑身脏兮兮的虎皮花纹的小黄猫。她熟门熟路地穿堂入室，一直钻进店老板的卧室里，从人家的床上把小黄猫抱出来，搂在臂弯里亲热一阵子，拍拍它的脑袋放它走路。要是不认识金铃的人，准会把她当这家小吃摊的孩子。

再然后，她从美发店门口扬长而过——她对美容美发这一类的事情不感兴趣——径直走到修自行车摊前，蹲下来看修车的老爷爷如何操作，有一句没一句地说些闲话。这时候她忽然一抬头，妈妈已经在不远处的阳台上扬眉毛瞪眼睛地对她作威胁状了。她赶忙站起来，跟老爷爷说了再见，稍稍加快脚步上楼回家。

就这样，从学校到家不足 200 米的路程，她至少走半个钟头的时间。

有一次，她在路边碰到一对推车的青年男女，不知怎么就跟他们搭上了话。那两个人一高兴，居然请她坐到自行车的后座上，推送到楼梯口。

回家她跟妈妈说这事，妈妈吓得脸都白了，连声喊："真是不得了！如果碰上两个人贩子怎么办？"

金铃嘴一撇说："我有那么幼稚吗？人家劫持我，我不会喊救命？"

妈妈反驳她："如果你是说着笑着不知不觉被他们拐走的呢？如果他们用麻醉剂迷惑了你呢？"

金铃嘟囔说："我这么胖，哪家会要我？不怕我吃穷了他？"

不管怎么样，妈妈还是对金铃进行了一番不准跟陌生人接触的教育，比如不能吃陌生人的东西——那里面很可能有安眠药；看见对方拿出小瓶子之类的东西要赶紧躲开——喷雾式的迷魂药就是装在这里的；千万不能接受邀请跨进出租车——绑架事件总是发生在出租车上。

金铃听得捂起了耳朵："好了好了，我已经不是二年级的小孩子了！"

关于金铃的学习成绩，情况是这样的：

语文还可以，尤其在回答一些难度较高、需要课外阅读知识作补充的题目上，她总是能出奇制胜。

作文比较难说，碰到对胃口的题目，她兴致勃发激情喷涌时，能写得酣畅淋漓妙语连珠，令老师击掌赞叹。

遗憾之处在于这样的时候不是太多。老师把大部分的题目出得苍白拘谨，诸如《我的老师》、《我的同桌》、《记一次游园活动》、《参观×××有感》等等。这些题目都是要写眼前发生的事，不能瞎编，万一编得太精彩了，老师在班里当范文一读，不就要露馅了吗？金铃胆小，不敢做这样偷天换日的事，因此大部分的作文也就是拿个八十来分。

最要命的是金铃粗心，错别字多得离奇，"既"写成了"即"啦，"再"和"在"不分啦，"看"和"着"总是忘记写最后一横啦。其实她也不是不会，只是写的时候一不小心就随手用了另一个字，结果吃一个大大的叉。一篇作文，即使写得不错，被一二十个错别字一扣，分数也就可想而知了。

大致说起来，语文成绩在85分左右徘徊，高也高不过90，低也低不过80。

数学就不那么妙了。数学是金铃最不喜欢的功课，尤其是四则混合运算，里面夹着小数和分数的，她一看就头疼，稀里糊涂算下来，10题起码错6题。她从小到大，妈妈一直为她的数学担心，晚上的时间大半都花在辅导她做数学作业上了，可就是总不见数学成绩上去。

老师当然也为她着急。老师说："小升初考试，最能拿分的就是数学。数学很要紧。"

妈妈也说："不光小升初，将来中考、高考，哪一回少得了数学？你数学不好那就要命了。"

金铃偏偏就是数学不好。

金铃妈妈掐着指头算来算去，死活不明白这孩子从哪儿继承了数学不好的基因：丈夫学的是工科，数学当然没话说；自己虽是学文科的，可中学数学一直出类拔萃，考大学就因为数学比别人好，总分才得了高分；娘家人中，弟弟妹妹都是工科毕业；婆家人里，四个倒有三个当着会计师……简直找不出一点点可抱怨的根据！

没别的，还是金铃自己太不用功，得过且过。这样的孩子真是烂泥巴扶不上墙。

英语成绩也只能说是马马虎虎，一般九十来分。

比如说吧，规定 40 分钟做一张英语卷子，金铃不到 10 分钟就做完交上去了。老师拿到手里一看，不是句首第一个字母没有大写，就是音标有错，再不然就是字母写得歪歪扭扭叫人难以辨认。英语老师是很喜欢金铃的，因为她读音漂亮，听力也很棒，听她读课文或者跟她练会话都是很愉快的事。可是金铃这么潦潦草草把卷子交上来了，老师有什么办法？总不能当堂指出："你错了不少，拿上改正吧！"那不是明显的袒护？现在的孩子对这些事情敏感得很呢。

有一回英语期中测验，金铃难得拿了99分的高分，妈妈高兴得眼泪都出来了。不久到校开家长会才知道，那次测验有二十多个人拿的是满分。

金铃就是这么一个孩子，比上不足比下有余，活得快快乐乐轻轻松松，叫人气也不是恨也不是。

金铃妈妈不服气自己的孩子是这么个情况，追究一切原因，后悔是自己让她上学太早了。一般的孩子是6周岁上学，金铃妈妈望女成才心切，不到6岁就替她报了名。金铃本来是9月份生日，派出所的户籍警把"9"字上面的圆圈写扁了，这就使金铃妈妈有了可乘之机，提笔将扁圆描得粗了些，改成一个"7"字，报名时鱼目混珠过了关。可是金铃妈妈后来一打听，同事中也有替孩子改户口笔迹托关系提早上学的。人家的孩子怎么都那么成熟稳当呢？可见年龄大小并不是成绩好坏的主要原因。

金铃外婆对金铃妈妈说："要怪只能怪你，从小没上好规矩。"

这个分析基本上切中要害。金铃妈妈是学中文出身，年轻时思想颇为洋化，崇尚欧美教育方法，从女儿会爬会说开始就鼓励她一切自由,自由想像自由行动,愿走就走愿躺就躺,不教认字不教数数,而是塞给她大量童话神话故事,领着她出入于恐龙时代和太空时代,结果是想像能力极大地丰富,动手能力飞快地下降,行为散漫随便,为人不拘小节。

举金铃刚上小学时的几个例子。

金铃的书包一向被妈妈称作"垃圾袋",里面要多乱就有多乱。一天上课,老师临时要布置作业,叫小朋友拿笔出来记。金铃慌慌忙忙低头到书包里掏铅笔盒,掏出来一看是空的,笔呀尺的早溜到书包各个角落去了。她就伸手在书包里摸,摸出一支,秃得没法写;再摸一支,铅断了。这时老师已经在上面报题目,金铃急得不行,拎出书包往旁边地上一倒,哗的一声,铅笔橡皮小刀本子五颜六色摊了一片。前后左右的同学都伸脑袋去看,全班秩序大乱。老师喝令金铃罚站了一节课。金铃终于没能记下作业题,第二天又被罚抄书。

一年级的语文老师是市优秀教师,三天两头要在班上开"公开课"。有一回正上着课,金铃觉得鞋紧,脚不舒服,就悄悄在课桌下把鞋脱了。过一会儿,老师问一个关于近义词的问题,金铃积极举手。老师认为金铃回答这个问题很有把握,就点了她的名。金铃起身站立的瞬间才意识到自己是光着脚的，赶忙低头到课桌下找鞋。找也找不到，原来鞋被她自己踢到前面同学的座位下去了。要知道教室里当时坐着二三十个听课的外校老师呢！金铃的语文老师气得面红耳赤，鼻子都歪到了旁边。

老师后来向金铃妈妈告状，说："赤脚就赤脚呗，她要不找鞋，哪会出这种洋相。"

金铃妈妈心里说，6岁的小孩子哪能有这样的应变能力？

因为金铃的书包太乱，所以她总是丢东西。橡皮平均两天丢一块。金铃妈妈买得烦了，索性抱回家一大盒。但没过多少时间金铃又要橡皮。

妈妈说："橡皮呢？"

金铃很无辜地回答："用光了呀。"

妈妈跑去看，盒子里果然空空如也。

妈妈这回真气了，捉住金铃按在床上打了一顿，宣布说："明天回家先检查橡皮，丢了就不准吃饭。"

第二天金铃放学回来，妈妈堵在门口问："橡皮在哪儿？"金铃急忙申明："今天没丢。"然后赶忙到书包里找。

却是哪儿都找不到。大口袋、小口袋、铅笔盒、书包夹层，哪儿也不见橡皮的踪影。妈妈拉下脸，扬手做打人状：真是太不像话了！家里纵有黄金万两，也吃不住这样丢三落四。

千钧一发之际，金铃蓦地一声尖叫："橡皮在这儿！"

摊开手心，湿漉漉的一块橡皮直冒热气。原来她放学前始终记着橡皮橡皮，干脆把橡皮攥在了手心里回家，一路走一路东张西望，竟把手里的橡皮走忘了！

看看，这就是我们的主人公金铃。你说她好笑还是好气？

二　关于老师

老师有很多，这里只说两个:旧的和新的。

旧老师姓王，做新娘子不久，留一头直直的柔柔的披肩长发，眼睛大大的亮亮的，嘴角总有笑意，对她的学生有着阳光般的好心情。

金铃一向喜欢披肩长发的女人，对电视里的洗发水广告有着异乎寻常的兴趣，再加上王老师脾气好，王老师自然成了她的崇拜偶像。没事的时候，金铃就磨磨蹭蹭凑到老师跟前，摸摸头发啦，说几句小女孩的甜话啦，送老师几张漂亮的贴画啦。老师对金铃就有点偏爱，总说金铃作文写得好，给她打过几次"98"的高分。

好景不长，王老师教了金铃不到一年，留学美国的丈夫替她办好了陪读签证，要辞职去美国了。

老师要走的那几天，金铃跟掉了魂似的，老是缠着妈妈眼泪汪汪地问："美国有什么好呢？她为什么要走呢？"

妈妈说："美国有什么不好呢？她为什么不能去呢？你长大了，说不定也会去的。"

金铃就非常惆怅，仿佛自己不久真的会离开家园一样。

金铃翻箱倒柜，挑了个自己最喜欢的长毛绒玩具，要送给王老师。

妈妈说："真是不懂事。老师去美国，要带吃的，要带穿的，要带送人的，东西多得只怕箱子装不下，哪会再带上你送的玩具？行李超重可是要罚很多钱的。"

金铃当然不忍心让老师受罚，改送了一张很漂亮的圣诞卡。其实那时候还是夏天。金铃又把老师在美国的地址要了来，工工整整抄在一张纸上，央求妈妈替她收好。她说她要给老师写信。

学期没结束王老师就走了。

新老师姓邢，五十来岁的年纪，瘦瘦小小的，总是穿一双白色旅游鞋，走起路来脚下生风，说话急速短促，一分钟能吐几百个字，训起学生来一讲就是一两个小时，学生就有些怕她。

金铃一开始不怕，因为她是个跟谁都能粘乎得起来的小姑娘。有一次金铃到老师办公室里拿本子，趴在邢老师的办公桌前，把一个红绳拴住的小石头雕像举在邢老师面前晃荡晃荡，笑嘻嘻地问："老师你喜欢吗？"邢老师眼皮一抬，庄重威严地说："别跟老师嬉皮笑脸来这一套。"

金铃只觉得一瓢冷水泼在心里似的，委屈得要哭了。

从此金铃就对新老师有了抵触情绪，处处觉得她不如旧老师好。人没有旧老师长得漂亮，话没有旧老师说得好听，就连粉笔字也没有旧老师写得好看。她撇着嘴对妈妈说："写的什么字呀，还没有我们班的林志和写得好。"

金铃妈妈心里很担忧，孩子进入六年级，正是小升初的要紧时刻，这时候换老师本来就不很妥当，哪里受得了师生之间再有隔阂呢？她就到学校里找人打听，才知道这位邢老师教学经验非常丰富，送走的毕业生一届一届不知有多少了。金铃妈妈心里这才踏实下来，以后就经常注意在女儿面前夸赞老师："哎呀呀，这篇课文老师能挖出这么深的含义，真是了不得！"或者说："这篇作文的评语写得真好，妈妈是无论如何想不到的。"

金铃不为所动，扑哧一笑："你又不是老师，你当然想

旧老师姓王，做新娘子不久，留一头直直的柔柔的披肩长发，眼睛大大的亮亮的，嘴角总有笑意，对她的学生有着阳光般的好心情。

不到。"

金铃妈妈吃一个闷子，心里恨恨的，觉得女儿真是大了，有主见得令人怕。

王老师走了不到一个星期，金铃就张罗着要给她写信。妈妈说："太急迫了吧？人家还不知道有没有安下家来呢。"

金铃问："一封信寄到美国要几天？"

妈妈说："最少一个星期，最多10天。"

"那不就行了吗？"金铃说，"10天后老师还不该安好家吗？"

金铃就趴在桌上写，先打草稿，再抄，写作文从来都没有这么认真。妈妈借故走过去看，金铃就机警地用胳膊挡住，瞪眼等妈妈离开。

妈妈心里多少有点醋意，拖长声音说："我女儿长成大姑娘啦，有事都不肯对妈妈说啦。"

金铃急得涨红了脸："私人信件，要允许保密！"

写完信，又涎着脸皮蹭过来，求妈妈替她写信皮。她担心自己写错了格式，王老师会收不到信。

隔了半个多月，回信还真的寄过来了，是寄到新华街小学传达室的。传达室爷爷当着好几个同学的面招呼金铃拿信，金铃兴奋得满脸通红、双眼发亮。她连蹦带跳地回家，走在楼梯上就大声喊："妈妈，回信来啦！"她把信看了一遍又一遍，连每一个标点符号都背出来了。然后她把信小心地放在枕头下面，夜夜枕着它睡觉。

金铃又给老师写过一封信，却再没回音。她在班上跟同学说起这事，同学说："好像王老师在美国搬过家了。"金铃怅然若失，有好几天都闷闷不乐。

金铃的钢笔字一向非常糟糕，写得软塌塌的没有骨头不说，还缺乏认真严肃的态度，不断地出错，不断地涂修改液、贴改正纸，把本子上弄得伤痕累累，活像刚从战场下来浑身贴满胶布的伤兵。邢老师常常撕了本子罚她重写，有一回让她整整写了 100 遍。金铃对邢老师真是既恨又怕，对立情绪越来越重。

一天半夜，金铃妈妈被女儿的哭声惊醒，披衣过去看她。黑暗中金铃只穿一件背心坐在床上，肩膀一抽一抽的。妈妈抱着她的肩膀问她："你怎么啦？做恶梦了吗？"金铃哭出声："我想王老师了！"

金铃妈妈心疼地把女儿搂在怀里，心里想："这孩子太重感情。"又想，王老师也不应该，既然说好了跟孩子通信，搬家就该寄个新地址来。

金铃跟新老师的关系僵了近两个月。

期中考试前，邢老师把金铃叫到办公室谈话，很严肃地讲了很多道理，要求她端正学习态度，认真对待每一次作业，踏踏实实下苦功夫。金铃绞着一双手，故意装出满不在乎的样子，似听非听。

上课铃响了，老师挥挥手，表示谈话到此为止。金铃如释重负，拔腿就想开溜。走到办公室门口，老师忽然在她身后说了一句："其实你是个很聪明的孩子。"

金铃一愣，迟迟疑疑转过身问老师："你是说谁呢？"

老师说："当然说你。你资质很好，学习上的潜力很大，如果充分发挥出来，应该是班上最好的孩子。"

金铃一动不动地站了半天。然后她眼睛有些红。然后她就回教室了。

这天回家后，金铃照例又跟妈妈絮絮叨叨说些学校里的事。说着说着她忽然冒出一句："知道吗？其实我们邢老师笑起来挺好看的。"

妈妈问："怎么个好看法？"

金铃说："眼睛眯成一条缝，露出两颗小虎牙，像个小姑娘似的。"

过了一会儿，她又叹息般地说："我真的很喜欢看她笑哎。"

三　关于父母

关于父母，其实也没有什么太多的话好说。

跟世界上的大多数孩子一样，金铃也有一个爸爸、一个妈妈。

金铃的爸爸姓金，名字叫金亦鸣，在本市最著名的一所大学里教书，副教授已经当了 5 年，目前正在往教授这道门槛上跨越，因此挺忙，因此不怎么管到家里的事，因此金铃大多数的事情是跟妈妈说。

40 岁的爸爸长得宽厚结实，如果不是脸上那副挺讲究的眼镜，看着就像足球运动员，不像学者。金铃的体型就是从爸爸那儿遗传得来的。金铃有时候从镜子里看自己胖胖的样子，忍不住埋怨妈妈："你那时为什么不找一个像'佐罗'那样漂亮的丈夫呢？"妈妈打趣说："那不就没有你了吗？"金铃的回答非常自信："不，我会以另一种形象出现。"金铃妈妈不敢再跟女儿说下去。她有时候觉得金铃懂得的东西太多，思考的问题也太多，这也是导致金铃学习不能专心的原因之一。

金铃的妈妈姓赵，叫卉紫。不熟悉的人容易听成"卉子"，觉得像日本名字。从前的王老师就问过金铃："你妈妈是不是有日本血统？"其实妈妈长得高高大大，半点也没有日本女人的模样。

赵卉紫在本市一家效益很不错的以女性为主要读者对象的杂志社上班，负责编几个文艺性的版面。她从前的大学同学，如今有不少是作家编剧导演记者之类的人物，因此她组稿并不困难，每月在家里打几个电话，收到稿件后编排一下，交给版面编辑，基本上就没事了。杂志社实行的是弹性工作制，上班不上班没有太大的关系，你说你今天外出组稿去了，谁能知道你真的外出了还是猫在家里干家务呢？

想当年，学生时代的赵卉紫也曾雄心勃勃的。班上的女生曾经讨论过很长一段时间有关"底色"的问题:一个家庭中,只能确保有一个干事业的人,这样的家庭才能稳固,所谓红花还得绿叶扶。那么妻子和丈夫谁当谁的底色呢?也就是说,谁退居家庭操持家务管理孩子,谁一门心思奔事业奔前途将来得诺贝尔奖当部长总理?赵卉紫在同学面前宣布:找一个甘当底色的丈夫!

结果她跟金亦鸣结了婚。十几年的婚姻生活中她给金亦鸣当了底色。

赵卉紫并不抱怨,生活就是这样,有心栽花花不发,无意插柳柳成行。你没法预料到一二十年后到底会发生什么事情,只能一步步地走到哪儿算哪儿。

凭良心说,金亦鸣当爸爸也不是不努力,只是他这个人干什么事情都太认真太投入,常常反过来把事情弄得一团糟。

举例说吧。

金铃小时候吃的是奶粉。有一次家里奶粉用光了,赵卉紫脱不开身,让金亦鸣上街去买。金亦鸣倒也乐于从命。一去去了3个钟头,金铃在家里饿得哇哇大哭,硬是不见金亦鸣的影子回来。原来他跑了十几家商店,仔细地对比了几十种中外奶粉包装袋上列出的成分配方,觉得这个牌子有这个牌子的长处,那个牌子又有那个牌子的优点,权衡来权衡去，怎么也决定不下来，最后还是决定向夫人汇报了再说。他两手空空跑回家，气得赵卉紫翻着白眼说不出一句话。

金铃快 1 岁的时候，正是盛夏。一天中午，赵卉紫要去编辑部送稿件，责令金亦鸣带孩子睡午觉。金亦鸣完成这个任务同样一丝不苟。女儿睡熟了，他自己也搂着女儿睡熟了，直睡得天昏地暗人事不知。赵卉紫送完稿件赶回家一看，差点儿笑得没背过气：金铃一泡尿已经把父女俩的短裤浸泡得湿漉漉的，两个人却是头挨头呼噜成一条声。

还有一次，是金铃略大一些的时候，她吵着要去动物园看梅花鹿，当爸爸的自告奋勇带她去了。那天天气不太好，刚到动物园，天就开始刮大风。照理说，这样的天气，带孩子看一看梅花鹿就应该赶紧回去，金亦鸣却认为既然来了就该认真地把动物全部看完。一看看了两个小时，金铃冻得小嘴发青，回家就发高烧，得了一次肺炎。

从此赵卉紫对金亦鸣的家务能力完全死心，再不指望他能帮忙撑起半边天了。想做而能力不够是一回事，有能力而不想做又是另一回事，二者之间有着本质的区别。所以赵卉紫对金亦鸣并无抱怨。

关于他们家的经济收入，情况是这样的：赵卉紫的杂志社因为效益不错，除了按月准时开工资外，或多或少还能发些奖金，逢年过节都有实物发放，算是过得去。金亦鸣的工资比赵卉紫略高，奖金和实物却是基本没有。从前金亦鸣读研究生的时候，家里的经济情况一度非常紧张，近几年金亦鸣反过来带研究生，情况就大有好转，因为他们研究的一些项目可以跟实际应用挂钩，这样老师就可以提成。虽然一笔钱提到系里，要层层上缴，还要照顾到二线员工的方方面面，分到金亦鸣手里就没有几个，但有总比没有好。再就是金亦鸣时不时有论文发表。最早时发科学论文要自己掏钱赞助，后来金亦鸣申请到了科研经费，发论文的赞助费可以从科研经费中提取。金亦鸣常常能把一两张绿色汇款单交到赵卉紫的手上，一家人皆大欢喜。

总的说来，这一家的经济情况是比上不足比下有余，跟金铃在学校的学习情况相仿。

四　好学校,坏学校

　　对于夫妻俩唯一的孩子，金亦鸣主张任其自然发展，不必逼人太甚。他坚信他们的女儿将来不至于比别人差到哪儿。

　　做母亲的赵卉紫就不太一样了。因为女人们总有些心高气盛，又因为这么多年她始终当着家庭的底色，心底里还潜藏着不服输的意味，总希望女儿能够出类拔萃，所以对于女儿目前的状况实际上是深感失望的。

　　金铃升入六年级以后，摆在他们面前最实际也是最迫切的问题便是报考哪所中学。学区里最好的是外国语学校，这也是全市乃至全国中学的金字塔塔尖。以下依次是育才中学、第四十九中学、新华街中学。据单位里的同事说，孩子进了新华街中学，家长就等着抱孙子吧，因为那所学校学风太坏。

赵卉紫在心里盘算，按女儿的学习情况，考取外国语学校不大可能，那就尽量争取进育才中学，至少也要确保四十九中。如果连四十九中都进不了，那她只能承认自己不会做家长，不适宜教育孩子，这个女儿她也不想要了，爷爷奶奶外公外婆谁稀罕谁带走。

国庆节的时候，赵卉紫大学的同学在一块儿聚会。几年不见，大家的变化都很显著，发福的、秃顶的、花白了头发的、疾病缠身的……忽然之间才觉得彼此都是标标准准的中年人了。最有趣的是，所有话题不约而同集中在自己的儿女们身上，这家儿子考上了哪所中学，那家女儿学习如何，又有哪些人家的孩子今年应考。赵卉紫想，从前他们聚会是不谈孩子的，从前他们有多少关于社会关于局势关于前途事业的话题可说呀！

赵卉紫同宿舍的馨兰，毕业后嫁了化学系的李尔东。后来李尔东出国留学，馨兰独自在家寂寞，曾经到卉紫这里来诉过几回苦，也曾动过离婚的念头。卉紫劝她说，都有了孩子了，离婚对孩子不好，还是咬牙挨过去吧。没两年李尔东学成回国，在本市开发区兴办了一爿高科技企业，现在据说资产已经过亿。馨兰再出现在同学面前的时候，就俨然一个珠光宝气的阔太太，出入有豪华轿车，车后带着漂亮的小狗，整过容的鼻子很有点明星味道。

卉紫问她："你儿子好像今年也考中学？"

馨兰莞尔一笑："已经解决了。"

卉紫一头雾水，懵懵懂懂地问："什么解决了？"

馨兰说："上学的事呗。外国语学校，定了。"

卉紫心里丁当一响。她追问下去，才知道李尔东给外国语学校捐助了一整栋教学楼的电教设备，学校就答应收他的儿子入学。其实卉紫了解那个孩子，除了打游戏机神气，别的哪儿都不如金铃。

开完这个同学会，卉紫的心态再也不能平衡了。馨兰凭什么呢？馨兰的儿子又凭什么呢？人家的孩子能上最好的学校，赵卉紫的孩子又为什么不能上？

金亦鸣听她祥林嫂似的说个没完，心里好笑，劝她说："生活中有些事情是应该比的，有些事情就没必要计较。比如这个外国语学校，为什么就非上不可？你看看我们国家各行各业的这些顶尖人才，科技领域的，文化领域的，经济，政治，外交，实业，有几个是外国语学校出身？学校只是给孩子打基础的嘛，将来怎么发展，要等他们成年以后才能算数。"

卉紫反驳他："你当我不懂？只不过如今的风气就是这样，你的孩子考不上好学校，就好像孩子有多笨，做家长的都没脸见人。孩子的成绩是衡量家长成功不成功的标志呢。"

金亦鸣说："我不觉得这样。我们金铃的资质绝对好，将来会是个人才。从普遍意义说，成绩处于中等的，以后发展的余地更大，因为他们不拘泥于功课，有更多的时间吸收他们感兴趣的知识。不信你出去找几个大学生调查调查看，对世界历史、动物种类、古今神话传说这些方面的知识，有几个人比得过我们金铃？"

卉紫鼻子里哼了一声："你是圣人，所以你的眼光放在将来。我是个俗人，我只能顾到眼前。眼前我咽不下这口气。我们两个人智商都不低，为什么金铃就不能上最好的学校？"

"万一实在上不了呢？"金亦鸣很实际地问。

卉紫想了想，咬牙切齿道："交钱！"

"交两万三万还凑合，要交十万八万呢？"

"砸锅卖铁！"

金亦鸣叹了一口长气，他觉得卉紫简直疯了。

六年级开学没几天，新华街小学召开毕业班家长会。

跟以往不一样，全年级四个班的家长是集中在新落成的学校活动中心开会的，校长、副校长、教导主任齐刷刷到了场。以前每次开家长会，校长也就是在广播喇叭里说上几句话，其余的事情由班主任谈。

家长到得很齐，黑压压坐了一大片，互相间交头接耳。卉紫东一句西一句听着，说的全都是孩子考中学的事。哪个学校师资强，哪个学校抓得紧，去年的分数线是多少，前年的分数线又是多少，亲戚家孩子没考上又是交了多少钱。

校长走到前面来，咳嗽一声开始讲话。校长是个五十多岁的小老头儿，一双不停眨巴着的、看上去很精明的眼睛，两片嘴唇薄薄的，头发泛出一层浅浅的灰白，眼角的皱纹密密麻麻，绝对是一副操心过度的模样。

谈的自然都是升学形势的紧迫性和严峻性，以及全区今年有多少考生、能够报考的学校有哪些、各学校的招生人数。

校长属于领导干部一类的人物，自然不可能在众多家长面前明确指出各个中学的优劣及排行。他是很有策略的，他只是滔滔不绝报出了一连串数字：从90年代开始，新华街小学每年考入外国语学校的人数，邻近几所小学的入榜人数，外国语学校分配到各区的招生数，外国语学校每年的高考升学率。最后他又说了个极准确的数字：去年外国语学校保送入各大学的学生占该校考生总人数的92%。

校长的最后一个数字出口，全场哗然。卉紫看见家长的脸都兴奋得红了，他们的情绪被煽动到接近于沸腾。

　　外国语学校，外国语学校！口口声声都是外国语学校，简直像强加在全市小学生头上的紧箍咒，外国语学校简直比北大清华剑桥牛津哈佛还要神气百倍。卉紫在心里恨恨地想：没有这个该死的外国语学校多好，家长和孩子都不会有这么重的压力。

　　校长讲话结束了以后又是各班分头开会，不外乎把刚才的话再强调一遍。邢老师也很能说，又是一番滔滔不绝。卉紫发现当老师的都那么热爱讲话和善于讲话。

　　邢老师最后通报了全班最有希望考入外国语学校的10个学生的姓名，以及最有可能落入新华街中学的10个学生的姓名。邢老师举着花名册一个一个念名字的时候，卉紫紧张得心要从嗓子里跳出来了。当年她考大学都没有这么紧张。

　　还好，两边都没有金铃的名字。这就是说，金铃既不是最好，也不是最差，跟从前一样，中不溜儿。卉紫心里有点失望，又多少有些宽慰。

　　散会后，天已经黑透了。很多家长都没有立刻就走，围着邢老师进一步问这问那。卉紫就静静地站在后面等着。她看见黑板上写了本周表现优秀的几个学生的姓名，当然这里面不可能有金铃。她绕到教室最后面，看见生物角上有一只养在玻璃缸里的巴西金龟，知道这是金铃从家里带来送给班级的。金铃自己喜欢小动物，就以为全班同学都喜欢。她一向是个愿意跟别人分享好东西的孩子。

再看过去，教室后墙的"作文园地"中贴了几个孩子的作文，其中有金铃的一篇。这也没什么稀奇，金铃碰到中意的题目时是能够超常发挥的。

这篇作文的题目叫做《春》。因为暂时跟邢老师说不上话，卉紫就很有兴趣地看了一遍。

春

早晨，晨雾未散，校园里一片浓浓的乳白色，"请勿踏草坪"的牌子在雾中时隐时显。

今天，我来得特别早。我被这个美妙绝伦的景象吸引住了，痴痴地望着草地……忽然，我眼睛一亮！那、那不是刚刚抽嫩芽的小草吗？远远望去，好像一张黄色的纸上用水彩笔点了一个个绿色的小点点，又好像金黄的沙漠中长着一丛丛绿色的芨芨草。

我走近仔细一瞧，哇！果真，一丛丛像天鹅绒似的小草悄悄地钻出地面，嫩生生的，绿油油的，仿佛一个个胖乎乎的小娃娃，好可爱！

我抑制不住心中的兴奋之情——啊！春天终于来到

了！我弯下腰,轻轻摆弄着,不,是轻轻抚摸着一丛丛小草,尽量不碰着它叶子上晶莹的装饰品——露珠。

一阵春风吹过,我忽然感到阵阵寒意。小草也会冷吗?我想到这儿,随手抓起一把枯萎了的黄草,轻轻地盖在小青草身上,只留下那只带露珠的"小膀子"。

我也知道,我这样做太傻了,可这一把黄草中带着我对小青草的喜爱之情。

我抬起头,望着草地。啊!秋天的败叶啊,你知道吗,在你枯死的身躯下有一丛丛、一片片新的生命正在成长。

风,又来了,把一片片乳白色的云雾"撕"破,最后把它们吹散了。我深深吸了一口春天的空气,感到无比惬意。

啊!春呀,草呀,我爱你们!

卉紫刚刚看完,背后有一个声音说:"写得真是很好。十一二岁的小孩子,能有这样细微的观察和情感,很不容易。"

卉紫回头一看,原来教室里的人不知不觉间都走光了,只剩一个邢老师站在她身后。

卉紫不好意思多夸女儿,只笑一笑:"小情调罢了。"

邢老师说:"金铃这孩子,看着大大咧咧快快活活什么都不在乎,其实心思很细密的,想的问题也多。"

卉紫说:"最近在学校情况怎么样?"

邢老师想了想说:"还是不特别用功。你说她不懂事吧,她懂的东西比谁都多。你说她懂事吧，她又不想争先要强。上课也是这样，人坐在教室里，你看她的眼睛就知道她没在听，她在想她自己的一套。好孩子就不是这样，好孩子两只眼睛盯住老师都是一动不动的，老师喂多少就能吃进多少。"

邢老师话里明显有着对金铃的不满意，卉紫当然听出来了。卉紫不敢有任何解释。自己的孩子不争气，做家长的只有低头聆听的份儿。卉紫小心翼翼地问："邢老师你看，金铃大概能考个什么学校呢？"

邢老师沉吟一下："努把力，育才学校还是有希望的吧。"

卉紫的心一下子落到了海底。她挣扎着让自己漂浮起来："如果……我和她爸爸想让她考外国语学校呢？"

邢老师睁大眼睛望着卉紫，仿佛有些吃惊。过了好一会儿，她才慢吞吞地说："奇迹也不是不能发生，毕竟还有一年时间，不是吗？说真的，金铃的脑子很好用，她有后劲，要是能考上，也是我当老师的荣耀。你们真的决定了吗？"

卉紫咬咬牙："……决定了。"

邢老师下意识地摸了摸下巴："那好，我为几个尖子学生开了个强化训练班，要是你们不怕金铃吃苦，就让她也参加进来吧。每星期弄两个晚上。"

卉紫万万没想到邢老师肯作这样的允诺，一时间高兴得语无伦次:"那么……那么……补课费……"

邢老师很严肃地打断她的话:"别提这个!我不缺钱,对钱也没兴趣,我只是希望多些孩子考上好学校。你说我责任心强也好,说我虚荣心强也好,我就是这么个念头。跟你说实话,金铃的基本功不好,拼基础拼不过别人,但是她知识面广,善于攻尖;外国语学校的卷子常常出得刁钻古怪,说不定倒能对了她的路子。我是抱这个希望的。"

卉紫想:不管你抱什么希望,强化了总是比不强化好。

五　好孩子,坏孩子

自从接了六年级的这个毕业班,邢老师就向学校里借了一间堆放教具的屋子,放了张书桌,放了张床,准备在这里长期"打游击"了。一星期当中,她起码有 4 个晚上是独自住在这间小屋里的,备课、出卷子、改作业,忙个不停。有时候她丈夫会来看她,给她拎一饭盒红烧肉什么的。有时候是她的女儿来。她女儿已经上大学了,跟邢老师长得很像,也是一副严肃认真不善言笑的面容。

邢老师一再叮嘱金铃她们说:"强化班的事,千万别对同学说出去。区教育局不准这么干。再说，参加的人多了，就不叫'强化'了。"

几个女孩子很庄严地点头。

说起来也是怪，班上学习成绩拔尖的都是女孩子。曾经有一个男孩子也不错，个子矮矮的，皮肤白白的，文静得像小姑娘。金铃从一年级开始就跟他同桌。金铃爱说话，心里的感想特别多，总想找机会倾泻出来一些，上课也不例外，否则就不舒服，肚子憋得要爆炸。那男孩子却是任凭金铃如何表演独白或者对白，始终端坐不动、稳如磐石。老师说这孩子定力太好了，将来会是个了不得的角色。金铃却认定他做和尚最合适，盘腿坐起来像尊佛。

可惜，四年级的时候，男孩子转学到加拿大去了。他爸爸在那儿拿到了绿卡。金铃现在的同桌叫尚海，个子比金铃整整矮了一肩，体重也只有金铃的一半，是个袖珍型的"男子汉"。两个人走到一块儿，金铃像只胖胖的大白鹅，尚海就像只围着大白鹅跳来跳去的小公鸡。可是两个人还挺要好，因为金铃天生有点小母亲的意识，喜欢保护一切比她弱小的人，只要有人欺侮了尚海，金铃就横眉竖眼地站出来了，肩膀一扛把那人撞出去，嘴里说："想干什么想干什么？"很少有人敢跟身高力大的金铃较劲，况且她在道义上还占着上风。

这天是星期三，下午放学照例比平常早一些。尚海用讨好的语气对金铃说："我们去看看画书吧？我家门口的书摊上到了好多《美少女战士》的画书。"

金铃惊喜地说："真的？"背上书包就跟尚海走。

金铃最喜欢画美人，《美少女战士》里的人物一个比一个漂亮，是金铃最迷恋和崇拜的一套画书。

金铃才出校门就想起了一件事，停住脚步说："不行，我不能跟你去。"

尚海求情一般地说："去吧，保证震你。书摊老板我认识，他会让你多看一会儿的。"

金铃说："我得回家做作业，晚上要去邢老师宿舍补课。"

话才出口，她吓得捂住了嘴：天哪！怎么把这事说漏出来了！

尚海是个小机灵，当时眼珠转了几转，什么也没问，回家却告诉了妈妈。家长在这种事情上总是最敏感的，马上猜出了几分。第二天尚海妈妈就找了邢老师，直截了当要求参加补课。邢老师自然是不好拒绝。她总不能说"你的孩子不够资格"吧？人家不立刻告到区教育局才怪呢。

就这么一传二、二传三，几天之内强化班的孩子增加到了十五六个。就是把人摞起来坐，邢老师的小屋也容不下了。张灵灵的家长就主动邀请邢老师在她家里办班，条件是捎带让张灵灵参加。

这样，强化班转移阵地，挪到了居民小区张灵灵的家里。张灵灵爸爸在大客厅里拉出一盏 200 支光的大灯泡。金铃每次去上课，拐过街角，300 米之外就看见了小区里的那一片光亮。

孩子终归是孩子，人多了难免不闹事。有一天晚上，邢老师因事耽搁到得晚了，先去的孩子们便做了一回脱缰野马。

开始是张灵灵、李小娟、胡梅 3 个女孩子挤在沙发上看画书，后来刘娅如也要参加进去，胡梅不让，刘娅如觉得受了排挤，脸上拉不下来，非要挤进去坐不可。胡梅顺手拿起沙发垫子作武器，半真半假地去推刘娅如。刘娅如恼了，夺过垫子往地上一扔。张灵灵叫起来："你把我家东西扔脏了！"李小娟便拿另一个垫子去扔刘娅如。这一来，沙发上热闹了，几个垫子在空中飞来飞去，屋里一片尖叫声。张灵灵的妈妈赶来时，本已陈旧的垫子被扔得开绽，白色羽毛满屋乱飞，装饰柜里的几个小瓷娃娃也被碰掉在地上，成了一地碎片。

张灵灵的妈妈自然不高兴，等邢老师来了后，狠狠告了一状。

第二天早读课，邢老师着手处理"扔垫子"事件。她先找了一个最老实的男孩子于胖儿问话。于胖儿人有点憨，又因为胖得过分，行动不怎么灵便，一般不参加打架闹事，只做旁观者。

邢老师说："你只要告诉我一句话，是谁挑起事端的。"

于胖儿用手背在鼻子上揉来揉去，吭哧了半天，吞吞吐吐地说："尚海……还有金铃……"边说边从眼角里偷偷斜视老师。

邢老师朝他挥挥手："去上早读吧，顺便把尚海和金铃叫过来。"

金铃走进老师办公室的时候，先还觉得莫名其妙。昨晚张灵灵家里闹得乱哄哄一片时，金铃绝对是个局外人。当时她正全神贯注画一张美女肖像。尚海的小表妹要过生日，尚海决定送她一张自制的生日卡，卡上要画花仙子。尚海糟蹋了好几张大白纸，画出来的花仙子不是像狼外婆就是像魔女，万般无奈只好求助于金铃，条件是送给金铃5颗彩色玻璃球。金铃每次画美人像都很投入，容不得一丝一毫的败笔和失误，跟对待作业的态度恰恰相反。所以她身后发生了什么，基本上是不知道的。

邢老师先问尚海："说说看，昨晚是怎么动手的？"

尚海问："动什么手啊？"

邢老师一拍桌子："还想抵赖！人家腾出房间给我们上

课，是看老师的面子！你们以为那是游乐场？一天到晚怎么就那么快活？六年级了还一点心思没有？"

尚海苦着一张脸，试图解释："老师我真的没有……"

"闭嘴！"邢老师喝道。"再说一句，我立刻把你赶出补习班！回到教室写 1000 字的检查，下午带 10 块钱过来，赔偿人家的损失。还有你！"她冷冷地看着金铃，"你也一样。学习上不下功夫，打打闹闹浑身是劲，真是烂泥巴扶不上墙。"

金铃紧咬住嘴唇，转过头去不看老师。尚海偷偷用胳膊捅她，她就狠狠地瞪他一眼。尚海吓得不敢再动。

出了办公室，尚海连蹦几步拦在金铃面前，着急地说："你怎么不说话？明明不是我们……"

金铃没好气地回了一句："说什么？你没有听邢老师讲吗？再说一句就不让我们进补习班。"

尚海嘟囔道："总不能白受冤枉。冤枉死了……"

金铃气冲冲地跑进教室，从书包里翻出 10 块钱，往张灵灵桌上一扔："赔你的垫子钱！"

10 块钱可是金铃整整一个月的零花费，她昨天才从妈妈手上领过来的。金铃把这张崭新钞票扔出去的时候，恨得咬牙切齿。

于胖儿趴在座位上偷看金铃，金铃一朝他转过头，他就拼命把身子缩到课桌底下。金铃偏偏不放他滑脱，一步跨过去，揪住他的胳膊："你跟我出去！"

于胖儿很听话，马上站起来，乖乖地跟在金铃屁股后面。

金铃命令他在墙角处站好，劈头就说："你现在讲老实话，昨天闹事的有没有我？"

于胖儿急忙摇头："没有没有。"

"有没有尚海？"

于胖儿迟疑一下："也没有。"

"那你为什么对老师说谎？你凭什么诬赖我们？"

于胖儿低了头，吸着鼻涕："我不敢说胡梅和刘娅如……她们是好学生……她们以后会不给我抄作业……"

金铃大喝一声："你胡扯！"

于胖儿说："是真的……"

金铃恨恨地望着他："你就这么熊包？作业非得抄人家的不可？"

于胖儿死活不肯再说话。

金铃心里很烦，愤懑、气恼、苦涩、失落……许多情绪混合在一起。好学生，坏学生……自己在同学眼里是坏学生吗？好学生又有什么了不起？好学生做了错事就该缩起头，让坏学生背黑锅？好学生如果这么自私、怯懦，算什么好？100分再多，三好生奖状再多，假的！人格上只有"0"分！

她金铃看不起她们！还有于胖儿，溜须拍马的家伙，为了抄人家作业，连良心都不讲了。如果现在有战争，于胖儿一定是叛徒，是告密的小人！

金铃越想越气，牙齿咬得咯咯响，鼻孔里呼呼冒火。整个上午，她坐在座位上屁股没动窝，尚海塞给她的彩色玻璃球放在口袋里，也懒得拿出来。

放了学，她仍然是谁都不理地往家走。好朋友杨小丽在后面喊了她好几声，她只当没听见。

走过杂货店，小吃摊老板娘老远就笑嘻嘻喊她："金铃，给我们家小猫带鱼干了吗？"

金铃说："去！"

老板娘大惊小怪地说："金铃今天吃火药啦？"

金铃恶狠狠地说："对，我吃了炮弹！"

老板娘凑近金铃一看，发现她眼睛红红的，知道一定是在学校里挨老师骂了，也就不再跟她打趣说笑。

上楼到家，妈妈一开门，金铃就再也忍不住了，嚎啕大哭起来。卉紫吓了一跳，搂着金铃连声问怎么了，金铃就抽抽搭搭把事情经过说了一遍。

卉紫相信女儿是受了委屈。金铃有时候犯了错误会耍赖，但是今天哭得这么伤心，不可能是装出来的。

卉紫问她："你对老师承认了吗？"

金铃点头。

"10块钱已经赔给张灵灵了？"

又是点头。

卉紫一下子生了气："为什么要这样？不是你的错，你干吗要承认下来？有错就认是勇敢，坚持真理也是勇敢，这比前一种勇敢还要伟大！我不希望我的女儿是窝窝囊囊的人。"

金铃说："可是妈妈你没看见，邢老师那时好生气！尚海才说一句话，差点儿被开除出补习班。我要是不识时务，不是白白撞在她枪口上吗？"

卉紫说："那你怎么办？需要我帮助吗？要不下午我替你到老师那儿说清楚？我可不愿意看着你受冤枉。"

金铃摇摇头："不，先不需要你帮助，我想我自己能处理这事。"

金铃三口两口扒下一碗饭，马上就背书包提前到学校去了。走到街口，恰好于胖儿站在一群小孩子当中看人用糖稀做花篮，金铃一把从后面抓住他。

"于胖儿，你必须跟我走，到邢老师面前纠正你说过的话。"

于胖儿苦着一张脸说："金铃你饶了我好不好？我真的很怕胡梅，她是班长，又跟我同桌，每回考试……"

金铃说:"好,我就跟邢老师说,每回考试你都抄她的!"

"别别……"

"两条路任你走:要么你承认自己说了谎,要么我去做你的告密者!"

于胖儿牙疼一样皱着眉、吸着嘴,迟迟疑疑不能决定。

金铃换了个口气,推心置腹地说:"于胖儿,你如果检举了胡梅和刘娅如,我一定不透露是你说的。你要是相信我,我们以后是好朋友。你要是不肯说,那就对不起了,我会让你睡觉梦到大头鬼,走路踩到死狗,吃饭吃到毛毛虫,写字写出满纸的蛇……"

于胖儿毛骨悚然地叫起来:"别说了别说了,我跟你去。"

金铃把于胖儿带到办公室,让他先在门外等着,自己敲门进去。正是饭后午休时间,办公室里只有邢老师一个人在改作业。金铃说:"邢老师,我只问你一个问题:好学生如果犯了错误,别人包庇她,她自己也不说出来,是害了她呢还是对她好?"

邢老师放下笔,抬手在两边太阳穴上揉了揉,似笑非笑地看着金铃:"你到底想对我说什么呀?"

金铃说:"我只是想告诉你真话。"

她转身出办公室,把垂头丧气的于胖儿拎了进来,往邢老师面前一推:"于胖儿你说吧。"

晚上睡觉时，卉紫坐在床边给金铃叠衣服。金铃睁着眼睛想了好一会儿心思，忽然开口说："妈妈，从今天起，我要争取做一个好孩子。"

这样，金铃和尚海的 1000 字检查当然都免了，邢老师还郑重其事地对金铃和尚海道了歉。胡梅、刘娅如、李小娟 3 个人被叫到办公室，出来的时候都是灰溜溜的。金铃一分钟也不耽搁，理直气壮地向张灵灵讨回了 10 块钱。

金铃回家详细对妈妈说了她讨回公道的经过，又把 10 块钱得意洋洋地展示出来。卉紫听得有点目瞪口呆。卉紫心想现在的孩子可真是了不得！能不动声色把一件事情处理得滴水不漏，还懂点韬略，先把屈辱吃进肚子里，再原封不动地吐出来，该是谁的甩给谁。卉紫长到 40 岁都做不到这种冷静和娴熟。

卉紫看着满脸稚气的金铃，一时间只觉得头皮麻麻的，身上凉凉的。

晚上睡觉时，卉紫坐在床边给金铃叠衣服。金铃睁着眼睛想了好一会儿心思，忽然开口说："妈妈，从今天起，我要争取做一个好孩子。"

卉紫诧异道："怎么突然想到这个？"

金铃说："不是突然，我已经想了一整天了。我一定要做一个好孩子。"

卉紫明白金铃心里想的是什么了，笑着说："但愿你不是 5 分钟热度。"

六　要命的数学

六年级 3 门主课的大小测验密集得像地毯式轰炸，平均 3 天做一张卷子。老师改完卷子就排名次，排妥了便在卷首圈一个红圈，红圈里填上该生名次，是第 1 还是第 54。然后这张卷子要由学生带回家，让家长签字。

成绩不怎么好的学生，这种时候可真是要命。签字简直是没完没了的酷刑，过了一回接下来又是一回，压抑得让人喘不过气。

金铃的同学钱小钢字写得很好，书法比赛得过奖，最让人惊叹的是他极会模仿。据他自己吹嘘说，班上 54 个同学的家长签字，他都能模仿，老师绝对看不出有假。可他这人太黑心，模仿一回签字要收 5 块钱！

金铃每月只有 10 块零花钱，她可舍不得让钱小钢一次就剥削掉一半。

上个月金铃的数学考过一回 70 多分，老师在卷首红圈圈里醒目地写着"47"这个名次。那天金铃放学回家，手捂着书包里的卷子，心里直恨从学校到家的路太短了，要是路长得没完没了该多好啊，她可以永远走在路上，永远也不要让妈妈看见她的第 47 名的成绩。

她终于还是到了家，垂头丧气地按响了门铃。

妈妈开了门。一见到金铃紧绷的脸，妈妈马上就说："数学没考好？"

妈妈真是神了，仿佛分数就挂在金铃的脸上，瞥一眼就能知道高低。

金铃偏不想让妈妈猜中。她一声不响地掏出一张卷子，是一张语文卷子，卷首的红圈圈里写的是"12"。妈妈接过去一看，眼睛都亮了，抱住金铃就亲她的胖脸蛋，一边亲一边说："小东西，坏东西，考了好成绩还故意绷着个脸，想把妈妈吓死呀？"

金铃被妈妈紧紧地搂在怀里，闻到了妈妈身上温暖的、带点儿甜香的气味。在金铃的意识中，她已经好久没有温习到妈妈身上的气味了。从上了一年级开始，妈妈在她面前就变得像个刺猬，随时随地都会把满身硬刺竖起来，扎在她那些不怎么可爱的分数上。

金铃受宠若惊地反手抱住了妈妈，一边回报那些雨点般密集的亲吻，一边在心里盘算要不要把数学卷子拿出来。她决定不拿。她舍不得打破这一刻和妈妈之间的温馨，更不忍心看到妈妈伤心失望的样子。她就努力地笑，一直笑到眼泪挂在了睫毛上。

妈妈伸手替她擦了眼泪，嗔怪说："傻孩子，一次测验嘛！高兴成这样。"

金铃就更不敢开口，把嘴唇闭得紧紧的，生怕一不留神会嚎啕大哭。

第二天她提早 10 分钟离开家，路上拐到了好朋友杨小丽家中。杨小丽的妈妈刚买来了油条，死活要金铃吃一根。金铃咬着油条，像是突然想起似的，大叫一声："哎哟！不好！"

杨小丽妈妈吓了一大跳，问她是不是丢什么东西了。

金铃着急地说："我昨天的卷子忘记让妈妈签字了，怎么办呢？"

杨小丽说："快回家让你妈签上呀。"

金铃说："可是这样一来我就要迟到了呀！"

杨小丽的妈妈是个又好心又有点迟钝的人，见金铃急得什么似的，马上建议由她来代替金铃妈妈签字。反正大人的签字都是差不多的。

金铃如愿以偿，心里松了一大口气。她发誓只这一次，以后绝不做这样卑劣的事，绝不！以后她也不会再有考不好的成绩，她不是已经下决心做好孩子了吗？

那天上着课，她鬼使神差地拿出数学草稿本，一遍遍练着"赵卉紫"三个字。只是怎么练还是孩子的字迹，一点也没有妈妈笔下的那种潇洒流畅。

尚海把头探过来看了看，嘻嘻地笑起来，说："你还这么原始啊？我早就想到新办法了！"

金铃没好气地白他一眼。尚海赶快缩回头去。

又过一个星期，数学进行了单元测验。金铃这回多了个心眼，交卷之前把最后几道应用题的得数抄在了草稿纸上。下课铃一打，她赶快溜到刘娅如座位上，跟这位从不考在前三名之外的学习委员对了得数。结果真是出人意外，金铃每一题都对了。

金铃当时的那份高兴啊，心都要从嗓子里跳出来了。那天回家花在路上的时间不到 5 分钟，因为她是一路小跑回来的，书包里的铅笔盒在她背上跳得咣啷咣啷一个劲响。

金铃先把喜讯报告了妈妈，等爸爸回来又告诉了爸爸。

一家人自然都很高兴。这天妈妈连晚饭都不做了，一家三口上街吃了金铃最喜欢的"肯德基"。妈妈情绪很激动地说："我们金铃看起来是开窍了，知道用功了，一心一意要做好孩子了。妈妈等着看你考上外语学校的那一天呢！"爸爸说："外语学校不外语学校并不重要，关键看自己尽力了没有。六年级就像百米赛跑的最后冲刺，爆发力很重要呢。金铃你可要好好地爆发一次噢。"

金铃现在听谁的话都很顺耳，鼻子里嗯嗯地应着，手里忙着把蘸了番茄酱的炸土豆条往嘴里塞。这样的美味平常是很不容易吃到的，因为妈妈认为土豆淀粉多，吃了会发胖，不是心情很好的日子，不会买来给金铃过瘾。

谁料到快乐就像肥皂泡一样转瞬即逝，第二天数学卷子发下来的时候，金铃悲哀地看到自己只有82分，排名在第33位。当时她只觉得头脑轰的一声炸开了，她不知道自己怎么会只有这一点分数，不是所有的应用题都做对了吗？

她红着脸，慌慌张张把卷子塞到书包里。尚海捅着她的胳膊，问她究竟多少分。她恶声恶气地答一句："管好你自己吧！"

尚海说："我考得不好，84分。我得想办法对付我妈才行。"

金铃心里想：84分，比我还多两分呢。她心里就越发难过。

下课的时候，数学张老师把金铃喊到走廊上谈话。张老师是新华街小学为数极少的男老师之一，前年才从师范学校毕业，一张娃娃脸上还残留着顽皮的孩子气，上起课来却是让每个学生都心惊胆战的，因为他善于把粉笔头掷向学生，而且手法极准，胳膊一扬，半空中便飞出一条白色弧线，正说着话的学生于是额头上啪的一响，火辣辣地疼。按理说老师是不可以打学生的，可没说过不准掷粉笔头啊！老师没动手打，是粉笔头飞出去了，这能怪谁呢？所以张老师的学生都很怕张老师，上他的课的时候纪律总是不错。

张老师问金铃："知道你错在哪儿了吗？"

金铃摇头。她怕别人看到她可怜的分数，拿到卷子就赶紧藏了起来，根本没顾得细看。

张老师恨恨地盯住她："计算题！6道计算题你就错了3道！每题扣5分，你想想你还剩多少分？"

金铃马上想到的是：好在应用题没错。要是应用题再错个一两题，只怕要排到全班最末一名了。

张老师跟邢老师不一样，训学生时没有太多的话可说，要么恶骂一两句拉倒，要么把作业本齐腰"哗啦"一撕，罚学生从头到尾补做一遍。还有一次他把尚海的文具盒随手往窗外一扔，结果扔到了对面一幢平房的房顶上。下课后一帮男生兴师动众爬房顶帮尚海拿文具盒，导致其中甘做"人梯"的于胖儿跌得肘拐脱臼。当然这么多人热心帮助尚海不是为了争当雷锋，而是好不容易才有了这个爬房上顶的机会，浑身都是活跃细胞的男孩子们谁也不愿意轻易放过。

这回张老师也没有多说金铃，只嘱咐她下节体育课不要上了，到他办公室做习题去。

习题一共10道，都是计算题。张老师和金铃在一张办公桌上面对面地坐着。张老师什么也不做，袖着手，两只眼睛如两盏探照灯一样明晃晃地照住金铃，说是偏要看看她是怎么做题的。

第一道题目就把金铃镇住了，是一道带有大括号、中括号、小括号、分数及小数的四则混合运算题。金铃每碰到这样的题目总是头昏眼花、浑身出汗。她偷眼看一下张老师，张老师正襟危坐，面容严肃，看上去她不是嘻嘻哈哈就能混过去的。金铃不知怎么一下子就哭出来了，泪珠儿顺着面颊往下淌，淌到嘴角处，再被她自己伸舌头舔进嘴去。

张老师又好气又好笑地说："这不是才开始做吗？你哭什么啊？"

金铃抽泣着说："我怕我做不好。"

张老师说："题目是有点难，做不好不怪你，行了吧？"

金铃就嗯一声，抹去眼泪，心里偷偷地高兴。

一道题才做了一半，张老师突然在桌上一拍，把金铃拍得凭空跳了起来。他指着习题纸气急败坏地说："你看看你看看！你怎么能这么做！"

金铃赶紧看题，原来她做分数加法的时候，把分母也顺手相加起来了。

张老师用食指狠劲敲着桌面："这可是刚进五年级就学过的内容！你是不是想重回五年级的教室？"

金铃辩解："我是不会……"

张老师打断她的话："你不是不会！不然我一说做错了，你怎么就知道错在哪儿了？"

金铃说："我粗心……"

张老师不同意："也不是粗心，粗心这两个字不能说明问题。你是没有进入状态，你学数学从来就不进入状态！"

金铃懵懵懂懂的，不知道什么叫"进入状态"。

接着往下做。第二题好歹对了。第三题出现了四位数的乘法，而且是连乘，金铃心里一急，忘了进位，又错一道。

张老师哭丧着脸，连连摆手："罢了罢了，你回班上课去吧，我真是服了你了。"

金铃小声嘀咕："你说过不责怪我的。"

张老师摊摊手："我现在责怪你了吗？"

金铃心里想:你的表情,你的动作,不都在责怪我吗?但是她没敢把这话说出来。

　　张老师要金铃走,金铃却是死活不肯走,一定要把10道题全部做出来。结果后面的7题一道也没错。张老师大惑不解地说:"怎么会这样呢?你不是能够做得全对吗?真不知道该把你归入好生还是差生。"

　　金铃回到班上时,体育课已经下了,大部分同学都在走廊上玩,只有尚海侧身朝着墙壁,用身体遮掩着在干什么勾当。见金铃过来,尚海赶快把手边的东西一古脑儿扫进抽屉,转身装作没事人儿一样。

　　金铃好奇心大起,一把揪住尚海的胳膊说:"告诉我,你在干什么?"

　　尚海咧嘴笑着:"我什么也没干。"

　　"不对! 没干你为什么鬼鬼祟祟?"

　　尚海闭紧了嘴唇不说话。

　　金铃把他的胳膊用劲一甩:"好吧,不说算了,以后你再也不要跟我说话!"

　　这一招很灵,尚海当即举手投降,交待了他正在做的事情:制作家长签字。他用一小段胶带纸贴在他妈妈以前的签字上,再用劲一撕,胶带纸便将薄薄的一层纸连同签字粘了下来,然后将需要签字的考卷撕开一条小缝,把这段胶带纸贴在缝上，看上去就好像家长签字时不小心弄破了考卷，只好贴一段胶带纸在上面。

金铃倒吸一口凉气，惊叹道："哇呀！这么绝的点子！"

尚海得意道："是我从《家教周报》上看来的。人家当笑话登了出来，我就正好借用一招啦！"

金铃觉得好玩极了，一时间笑得前仰后合。可是笑着笑着她脸上的表情就僵住了，因为她想到了自己的分数，又想到了爸爸妈妈带她去吃"肯德基"时笑容满面的脸。她小心翼翼朝尚海伸出手："给我一段胶带纸，行吗？"

尚海大惊小怪叫起来："哇！你也考得不怎么样啊？"

金铃用劲掐一下他的手背，怪他声音太大让别人都要听见了。然后她遮遮掩掩从书包里拿出数学卷子。尚海的眼睛早就瞄在那里了，这时候就一笑，幸灾乐祸地说："原来你比我还少两分。"金铃被他说得又羞又恼，真恨不得揪住他的领子把他扔到窗外去。

用胶带纸粘上去的"赵卉紫"3个字妥妥帖帖，真是天衣无缝。

那天回家后妈妈问金铃："怎么没发卷子让签字啊？"

金铃避开妈妈的眼睛，说："90分以下的才要签字。"

妈妈就显得很遗憾，跟爸爸嘀咕说，好不容易有一次扬眉吐气签字的机会，还活生生让老师剥夺了。虽然是抱怨，言语中的快乐是显而易见的。金铃在一旁听着，心里真是说不出来的滋味。

却不料签字的秘密很快就被张老师发现了。这真是"狐狸再狡猾也斗不过好猎手"。原来金铃和尚海是同桌，交卷子时两个人顺次序把卷子叠放在一块儿，张老师起先只是疑心两个人的卷子怎么破得这么巧合，手指甲下意识地抠一抠那一小条胶带纸，一抠便抠出了名堂。张老师当即气得什么似的，跑到班主任邢老师办公室里大喊大叫："这还了得！和苏美间谍弄情报的手段都不差了！邢老师你要治治他们，一定要治治他们！"

邢老师当然也很生气，马上翻出记事本找金铃妈妈的联系电话，一直打到了杂志社去。

赵卉紫接完电话脸色发白，弄得同事们以为她家里老人出了事。赵卉紫一个劲摇头，只说："我得请假，到金铃学校去一趟。"大家才知道无非是小孩犯了错误，就宽慰她说："去就去吧，有几个当妈妈的没被叫到学校去过？老师都喜欢大惊小怪。"赵卉紫一个劲地说："你们不知道，你们不知道。"

不知道什么呢？赵卉紫不肯说，大家自然也就不好追问。

赵卉紫心急火燎地赶到学校，一眼就看见金铃和尚海面色苍白地瘪缩在办公室里，满脸是已经知错的可怜样。

赵卉紫顾不上跟金铃说什么,先去找了数学张老师。张老师劈头第一句话就问:"知道金铃这回考了多少吗?倒数第22名。"

赵卉紫心里很别扭地想:为什么要倒过来数?轻飘飘的"倒数"两个字,简直就有把人抛进万丈深渊的感觉呢!她勉强挣出个笑容,小心翼翼问:"金铃不是应用题全对了吗?"

张老师气呼呼地说:"应用题全对了,计算题可是错了一半!金铃的计算水平,在班上只排到倒数第 4。剩下那 3 个是轻度弱智,人家都开了证明来的。"

赵卉紫手脚冰凉,若不是强撑着自己,真要当场晕死过去。她想张老师这话是什么意思呢?是说金铃的智商也有问题吗?

赵卉紫从学校把金铃押俘虏一样地带回家,然后烧饭,照料一家人吃了,又洗了碗,收拾了厨房。一切如常,只是不跟金铃说话,甚至不肯看她一眼。

金铃知道妈妈是真的生气了。她心里很难过。她到厨房里把妈妈平常爱用的一只茶杯洗得干干净净,放了一撮茶叶,冲进开水,泼泼洒洒地端到妈妈面前。

妈妈扭过头,不接她手里的茶杯。

金铃很犟,妈妈不接,她就两手捧着,直挺挺地站在妈妈面前。

妈妈突然大喊一声:"烫死你!"

金铃带着哭声说:"烫死就算!"

妈妈到底狠不下心来,回身接了茶杯。再拉过金铃的手一看,手掌心已经烫成红红的一片。妈妈一下子流出眼泪,说:"你怎么会做那样的事?"

金铃也哭了起来,边哭边说:"我是怕你看到分数心里难过……我是准备告诉你们的,我想等下次考个好分数再一起说,那样你就不会太生气……"

赵卉紫长长地叹了一口气:"你真是我的冤家噢!"

冤家也好对头也好,女儿数学计算不行,做妈妈的总不能光靠打骂解决问题。赵卉紫决心帮助金铃越过计算难关。

金亦鸣做数学是一把好手,但是他对女儿的学习不太放在心上,这边母女两个哭哭笑笑闹得惊天动地,他老先生稳坐书房戴着耳机听一盘外语磁带,嘴里还念念有词。赵卉紫用劲推开门,故意把脚步声放得很响地走进去,金亦鸣仍旧浑然不觉。

赵卉紫心里有气,大喝一声:"你像不像个做爸爸的?"

金亦鸣听到动静,把头转过来,很茫然地望着赵卉紫:"你说什么?谁做了爸爸?"

赵卉紫一扬手就把他的耳机拔了,说:"谁做爸爸都比你负责任!金铃的数学不好,你就一点不急?"

金亦鸣很无奈地摊摊手:"我急呀! 可我又不能替她去读书。"

"你不能花点时间辅导她吗? 人家有的孩子,家教都请了好几个。"

金亦鸣说:"算了,反正金铃以后不会学理工科,数学实在不行的话只好放弃。"

赵卉紫哭笑不得:"你是真迂还是假迂? 数学不好能考上好初中? 考不上好初中能进重点高中? 不进重点高中能考一流大学? 一分之差,将来的命运就是南辕北辙了呢! "

金亦鸣举手投降:"行了行了,你别再说了,我就牺牲自己来成全女儿吧。"

金亦鸣关掉录音机,起身走出书房。

金亦鸣在大学里授课是一把好手,可是辅导一个小学生做计算题,感觉就有些困难,像是一个做惯了脑外科手术的大夫突然间要面对婴儿湿疹的治疗,手足无措,不知道怎么下药。好在教授毕竟是教授,略一思考便有了主张:从检查金铃今天的作业着手。

金铃作业的错误很多,让爸爸一逮一个准。比如有这么一条:$48 \times 39\frac{23}{24}$。金铃先把后面的带分数化成假分数,然后跟 48 相乘,因为数字大,一不留神就算错了。

金亦鸣说:"简便算法你没学过吗? 这一道题目应该这

59

么做。"

他随手写了个式子:$48 \times (40 - \frac{1}{24})$。然后他用 48 分别乘以括号内的两个数，很快得出数字:1918。

金铃莫名其妙地看着爸爸变戏法一样轻轻松松做出这道题，嘴里不住地说:"怎么会这样呢？怎么会这样呢？"

金亦鸣说:"怎么不会这样呢？$39\frac{23}{24}$ 跟 40 相差多少？$\frac{1}{24}$ 对不对？那好，我先把 $39\frac{23}{24}$ 变成 $40 - \frac{1}{24}$，这不就行了吗？"

金铃瞪着眼睛看着纸上的两个数字，还是糊里糊涂。

一旁观战的赵卉紫急了，用胳膊肘推开金亦鸣说:"你别把小学生当成你们大学生好不好？弄这么复杂，也太难为人了。你看我的。"

赵卉紫采取了做这道题的折中办法，把 $39\frac{23}{24}$ 拆开成两个数:39 和 $\frac{23}{24}$。结果式子就变成这样:$48 \times 39 + 48 \times \frac{23}{24}$。这样算起来还是要动笔做一个竖式，但是比金铃的死算要方便许多，重要的是金铃这回能理解了。

金亦鸣松一口气，对赵卉紫抱拳作了个揖，嬉皮笑脸地说:"还是夫人有办法。这家教的任务，就请夫人代劳了。"话一说完，他赶快溜回书房。

　　赵卉紫恨得直咬牙，指着书房门对金铃说："你看你爸爸，像不像个做爸爸的样？"

　　金铃讨好地看着妈妈，说："不像。"

　　赵卉紫又说："那妈妈呢？"

　　金铃说："妈妈像。"

　　赵卉紫摸摸金铃的脸："将来还不知道妈妈能不能享到你的福。"

　　金铃说："会的，我会让妈妈过英国女王一样的生活。"

　　赵卉紫扑哧一笑，满肚子的气都消得干干净净。

七 病急乱投医

数学张老师上次偶然跟赵卉紫提及几个学生的弱智问题，赵卉紫就对张老师的话耿耿于怀，没事就总想金铃智力上会不会有缺陷，要不然做数学怎么总要出错？再转念一想，真要弱智，作文怎么会写得那么好？英语也学得不差。就是数学，应用题基本能够对付，讲起题目来，已知什么条件、要求什么问题，清清楚楚条理分明的，可见不是不懂。可是……什么都懂了又怎么会错误频出呢？

赵卉紫觉得她陷入了一个关于女儿智力的怪圈之中，

绕来绕去怎么也跳不出来。她恨今天的社会里多了"智商"这么个新名词，把家长们弄得哭哭笑笑无所适从。想想从前自己上学读书的时候，谁也没听说人有智商高低一说，大家不也是该干什么就干什么了吗？

有一天赵卉紫看报纸，不经意间又看到了一个新名词：学习障碍。说是有的孩子学习不好，老师和家长都怪孩子不用功，其实这孩子是学习有障碍的问题，比如总是把"+"看成"－"，把"35"看成"53"，等等，等等。

赵卉紫心里就一惊，觉得金铃的情况与此相似，看错了数字和运算符号的事情常常发生，好好一道题目就这么错得不明不白。赵卉紫打定主意要带金铃看一次医生，是红是白闹个准确结论，以后也好对症下药。

赵卉紫不知道"学习障碍"的问题该找什么医生看，又不便直截了当找人打听，怕人知道了真以为金铃是个有毛病的孩子。她跑到杂志社专管"寻医问药"专栏的女同事跟前，只说金亦鸣有个远房侄子，智力上大概有点问题，问她该找哪个医院的哪个医生，女同事倒很热心，马上回答说最好去脑科医院，那里设有专门的儿童心理咨询部。

赵卉紫惊叫起来："那不就是从前的精神病医院吗？"

女同事托托眼镜，奇怪地反问她："那你说该去什么医院？"

赵卉紫心里像吃了苍蝇一样难过。她想无论如何金铃不该去那个倒霉的精神病医院，这也太不能让人接受了，弄不好金亦鸣会认为卉紫自己有精神病。

可是不去还真不行，接下来的事情使赵卉紫认为金铃的确是有点毛病。

这天数学课又做测验卷了，金铃带回家的卷子是89分。赵卉紫先认为这分数还算不错，可是仔细一看却气得鼻孔冒烟，卷子上总共错了两道计算题、一道应用题。之所以得89分，是因为金铃把一道用方程求解的附加题做出来了，一下子添加了10分。

两道计算题是这么错的：

一道是三位数乘四位数，乘出来数字太大，金铃马上犯了晕，毫不客气地错了。

另一道是繁杂的四则混合运算题，共有6个数参与运算，金铃算到第二步时，不可思议地将其中一个数丢弃不用，结果当然是错到了老爷爷家去。

应用题错得更离奇，式子列对了，计算结果时却将式中的"0"看成了"6"。

金铃眼见妈妈的脸色多云转阴，马上申明说："这回卷子挺难，我考了89分，是第12名。"

赵卉紫抖着手里的卷子说："你是瞎猫碰着个死老鼠，

碰巧把附加题做出来了。附加题能算数吗？附加题做不出来，你不就又成了最后几名？"

金铃不服气，嘟起嘴巴嘀咕："妈妈总是有理。考不好说我笨，考好了又说我瞎猫碰着了死老鼠。"

赵卉紫扬起眉毛："我说得不对吗？一张卷子错两道计算题、一道应用题，这还了得？"

金铃说不过妈妈，大叫一声："欺人太甚！"然后就把自己关到爸爸的书房里，怎么喊都不肯出来。

赵卉紫想来想去，还是要带金铃去看一次医生。就是看不出任何毛病，不也就放心了吗？否则总这么疑神疑鬼，好好的人也要疑出精神病的。

星期六，赵卉紫一早把金铃带出家门。她不敢告诉金亦鸣实话，怕金亦鸣认真起来跟她翻脸，只说她们去金铃外婆家。结果一上公共汽车，金铃就大叫："妈妈你上错车了！"

一车厢的人都回头看赵卉紫，当她思维出了毛病。卉紫的脸霎时通红，感觉到无处藏身的尴尬。她狠狠地瞪金铃一眼，低声呵斥说："小孩子少废话！"

车到了脑科医院，赵卉紫又是不容分说，牵着金铃的手就往里走。金铃抬头看看挂在医院大门口的牌子，再看看妈妈，关切地问："妈妈你脑子出问题了吗？"

卉紫这时只得对她说了实话："不，妈妈是带你来看病的。"

金铃大为吃惊:"我得了脑瘤?"

卉紫说:"不,你学习有障碍。"

金铃一下子甩开卉紫的手,大声抗议:"不!我没有障碍!我只是粗心!"

卉紫说:"粗心也分好多种,你粗得太离谱!"

金铃很伤心,眼泪一下子出来了,呜咽着说:"我知道这是什么医院,我们班的李林妈妈带李林到这里看过病,他的弱智证明就是在这里开的。"

卉紫心里有点后悔,她想她也许做了件错事,把金铃带到这儿来,是伤了孩子的自尊心了。她试探着说:"你要实在不肯进去,那我们就回家?"

金铃抬起一双泪眼去看卉紫,想判断这句话的真假。看到妈妈眼中的悔意,金铃的心反又软了下来,用低得几乎听不见的声音说:"要是妈妈一定要我去看,那就看吧。"

卉紫为难了半天,决定还是看。已经走到医院门口了,退回去不是白浪费时间?

金铃垂了头,一声不响跟在卉紫身后,一副惊慌委屈的样子。一路上她只用踢石子表示心里的不愿意。卉紫是知道金铃踢石子时的情绪的,但是她心里对金铃有愧,也就只好装聋作哑,由着金铃。

星期六学校放假医院不放假,所以星期六这天看病的

66

孩子总是特别多。时间还不到 9 点钟，儿童心理咨询部里的角角落落都站满了人。

花白头发、看上去很有权威的医生正在给一个初中生模样的男孩子看病。那孩子面色苍白，两眼距离分得很开，嘴巴微张着，放在桌上的一双手动个不停。她妈妈在旁边不停地说："注意力集中！医生在问你话哪！"

医生问他："你知道地球是一动不动的呢，还是转个不停的？"

面色苍白的孩子回答："转个不停。"

"真是这样？"医生紧逼一句。

那孩子就迟疑起来，偷眼去问妈妈。

医生板了脸说："不许问人，要独立思考。"

孩子屁股动了动，像是要离开座位似的，然后很大声地说："转个不停！是我们老师说的。"

"你感觉地球在转吗？"医生又问。

孩子想一想，摇头。

"为什么？"

孩子再也回答不出来了，开始抓耳挠腮，又扭头看窗外的麻雀打架。

站在一旁的金铃不愿放过这个显示自己知识渊博的机会，赶紧插嘴说："这有什么不懂的？因为宇宙空间太浩大了呗。就好像我们乘船在大海里航行，肯定觉得船是一动不动的。"

医生不高兴地扭头看金铃一眼，说："你是来干什么的？"

赵卉紫连忙替女儿回答："她来看病。"

医生又认真地看看金铃，问赵卉紫："她有什么病？"

赵卉紫连忙拿出当编辑的语言水平，三言两语把金铃的情况介绍一遍。医生就再一次观察金铃，还笑着在她脸蛋上揪一把，问她："你感觉自己跟同学不一样吗？"

金铃被医生一揪，情绪马上就松弛了，龇牙一笑说："是不一样。"

医生朝她挤挤眼："哪儿不一样？"

金铃大声说："我比他们都胖！"

话音刚落，咨询部里的人都跟着笑了，连那个面色苍白的男孩子也笑得前仰后合。

医生转头笑着对赵卉紫说："你们可以走了，这孩子一切正常。如果硬要说谁有病，那是你们家长。"

赵卉紫脸上红一阵白一阵的，有点下不来台。但是她心里又暗暗高兴，因为毕竟通过医院证实了金铃智力上没有问题。

走出医院大门的时候，卉紫对金铃说："回家别告诉爸爸。"

医生转头笑着对赵卉紫说:"你们可以走了,这孩子一切正常。如果硬要说谁有病,那是你们家长。"

金铃紧走两步，把自己软软的手塞进妈妈手心里，懂事地说："我知道妈妈是为我好。爸爸也会这样想。"

卉紫一下子眼泪都要涌出来了，心里说，这么一个聪明伶俐善解人意的孩子，怎么就偏偏学不好数学呢？

星期一上班，负责"寻医问药"专栏的女同事走来问卉紫："带你亲戚的孩子看病了吗？"

卉紫说："看了。医生认为没毛病。"

女同事紧接着又问一句："孩子胖吗？"

卉紫一愣，以为同事知道了她是带女儿去看病的，心里不免紧张，张口结舌地望着对方。

同事把一本杂志放在卉紫面前："这上面说，孩子长得过胖，也会影响智力发育。你看看。"

卉紫愣了半天，才把杂志翻开来。里面果然有一篇医学论文，提到肥胖儿童身体的各种指标测定、血液中微量元素的含量以及大脑细胞的生长、肾上腺素的变化等等，使读它的人马上就把胖孩子和憨憨的熊猫、摇摇摆摆走路的企鹅及爱睡觉的懒猫联系到了一起。

卉紫知道写这些文章的人总喜欢危言耸听，这跟作家们对生活素材进行艺术加工没什么两样。但是卉紫实在太盼望女儿成才了，她知道自己在这件事上心急到了近乎变态的地步，却没办法让自己停止这种盼望。谁让可怕的升学考试只剩下半年多一点点的时间了呢？

也许减肥真能对金铃有好处？

八 为女儿减肥，减瘦了爸爸和妈妈

金铃生下来的时候并不胖，皱巴巴的像只小老鼠，两只眼睛直到满月都不大肯睁开，无论白天黑夜都是一副酣睡不醒的模样。奶奶害怕如此弱小的婴孩不好养，就埋怨儿媳妇怀孕时嘴太刁，吃东西像只猫，一次沾那么一点点，弄得金铃营养不良。

赵卉紫心里也后悔，觉得没把女儿放在肚里养到十足饱满就急忙生下了，实在是问心有愧。她满月下床后就开始跟金铃的奶奶携手合作，从往牛奶中调加蛋黄、蜂蜜、维生素、鱼肝油开始，到熬制鱼汤、骨头汤、菜泥、猪肝糊，顿顿变着花样来，顿顿都不马虎，甚至睡到半夜还爬起来，往酣梦香甜的女儿嘴巴里塞进一个奶瓶嘴儿，让她在下意识的吮吸动作中不知不觉喝下一瓶稠奶糊。

3 个月以后，金铃开始吹气似的长，脸蛋圆嘟嘟的，下巴鼓出来三重四重，小手上的 10 个梅花坑深得能放进黄豆。那时候的金铃真是人见人爱，抱到马路上看街景，南来北往的过路人都忍不住凑上来逗一逗，伸手摸摸她嫩豆腐般的脸蛋儿，说一声："这孩子真讨喜。"

充分意识到金铃的超胖是在金铃 5 岁上大班的时候。那一次幼儿园举行运动会，邀请全体家长前来观看。其中的一个项目是"钻地道"比赛，孩子们要从一排连接起来的木圈中钻过去，比谁又快又不碰倒木圈。别的孩子一个个轻捷灵巧，钻出"地道"时简直就像鱼儿游出涵洞，真是毫不费劲。金铃就惨了，手脚并用地在木圈中忙乎，脸涨得通红，鼻子里呼哧呼哧喘气，到最后身子还是卡在木圈里，赵卉紫过去连拖带拽才把她拔了出来。

幼儿园老师对赵卉紫说："你女儿太胖了。"

卉紫想：她是太胖了，得给她减减肥了。

可没想到这句话说说容易，做到太难。肥胖一旦成了惯性，那就像火箭已经把人造卫星送进了轨道一样，你让它停它也停不下来。

赵卉紫苦口婆心教导金铃："女孩子太胖了多难看呀，漂亮的花裙子都没法穿，长大了既不能当演员，也不能当歌星，更不能当模特儿。"

金铃说："可是胖也有胖的好处啊！胖子力气大，等妈妈将来老了，生了病，我可以背妈妈去医院，可以几天几夜不睡觉照顾妈妈。如果我瘦得像一片树叶，那不就糟了吗？"

卉紫说："小伙子都喜欢苗条的姑娘，你长这么胖，将来没有男孩子喜欢怎么办？"

金铃理直气壮地说："他们不喜欢是他们不懂得美！杨贵妃胖不胖？蒙娜丽莎胖不胖？还有美神维纳斯，还有圣母玛利亚，还有我奶奶、我外婆、我们学校陈老师、王校长……"

卉紫没料到她会一口气报出这么多中外人物的名字，甚至夹带上了颇有权威的奶奶和外婆。卉紫无话可说了。金铃其实说得很对，苗条不是做女人的唯一标准。可是唯一的女儿不够苗条，卉紫心里总不是滋味。

这一回减肥的迫切性又非同以往了，因为肥胖已经影响了金铃的智力发育，使她的数学总是考不到优秀。卉紫下定决心要采取非常手段，务必在女儿升学考试的最后冲刺前见到效果。

卉紫说干就干，把家里的报刊杂志统统翻出来，寻找刊登在上面的各种减肥药品广告。"国氏"、"轻身宝"、"比索"、"大印象"、"使你美"、"苗条霜"……五花八门，应有尽有。

人其实很奇怪，闲暇的时候都知道广告不大可信，吹牛的成分多，一旦事到临头，仍然会心甘情愿跟着广告走，不撞南墙不回头。

金铃放学回家，推门见家中报纸摊了一地，妈妈蓬头垢面地蹲在一堆报纸后面翻弄不停。她好奇地问妈妈："是不是你把存款单夹在旧报纸里忘了？"

卉紫哭笑不得地说："忘什么！除非你将来有本事挣大钱，否则妈妈不会尝到存款单多得忘记的滋味。"

金铃很认真地回答："到那时就不用存款单了，要用信用卡。"

卉紫说："别管用什么，首先你现在要学习好，学习不好只能站柜台、扫马路，多没出息。"

金铃眨巴了一下眼睛，似笑非笑地说："妈妈说话自相矛盾了吧？你不是经常对我说，干什么工作都可以干得很出色吗？"

卉紫一时就有点语塞，想了一会儿才说："要是有能力，当然尽量去做贡献大的工作。实在做不了，做普通劳动者也很光荣。"

金铃轻描淡写地说："那我愿意做普通劳动者。"

卉紫火了，大声叫道："可我认为你是有能力的！你能做得很好，能成为班上的学习尖子，你只是不想去做！"

金铃耸耸肩，不再说话，大概觉得在这件事上跟妈妈无法沟通。

卉紫像当年金亦鸣挑选奶粉一样，把各种减肥药反复比较衡量对照，最后挑中了"国氏"。这药挺贵，100块钱一盒，一盒才吃5天。如果吃一个月的话，差不多就是卉紫一个月的工资。

药买回来，金铃挺稀罕，在厨房里转来转去，催着妈妈快打开看看。打开那盒子，里面是一小袋一小袋黑糊糊炒面似的东西。卉紫生怕金铃不肯吃，赶紧低头嗅一嗅，大声赞美道："唔，好香！"

金铃上了当，也凑过去嗅，然后说："是香。"

卉紫就趁热打铁："冲一袋试试？"

金铃说："试试吧。"

卉紫把黑粉末倒在小碗中，用沸水一冲，浓郁的炒面香味弥漫开来。金铃迫不及待舀一勺进口，却立刻"呸"的一声吐出来，皱了眉头叫道："真难吃！"

卉紫不相信："这么香的东西会难吃？"

金铃马上就舀一勺送到妈妈嘴边，非要她也尝尝不可。

卉紫勉强用舌头舔了一舔，的确难吃，有股说不出来的铁锈的味儿。可是她死活也不能承认难吃，怕金铃找到借口拒绝接受减肥。

卉紫坐下来，摆出一副准备长篇大论的姿态，开始对金铃进行教育："这有什么难吃的？不是还有甜味儿吗？不是闻着还很香吗？从前穷人吃不上饭，能有这种米糠填肚子就很不错了……"

金铃伶牙俐齿地打断她的话："从前穷人吃米糠是因为米糠便宜，可我们现在米饭便宜，米糠很贵，干吗不吃便宜的，偏要吃贵的呢？"

卉紫火了，一拍桌子说："还不是为了你！你快考中学了，可你成绩不够好，你成绩不好跟智力有关系，智力不好又跟肥胖有关系，所以妈妈才花大价钱给你买减肥药，逼你吃米糠，你懂不懂？"

金铃被妈妈劈头盖脸这一顿骂，委屈得流出眼泪来，说："为什么大人总要逼我们去做我们不愿意做的事？我自己来决定自己的身体不行吗？"

卉紫斩钉截铁地说："不行！"

金铃终究不敢违抗妈妈的话，可怜巴巴地就着几根榨菜丝，吃苦药一样把一小碗减肥米糠吃了下去，直弄得连连干呕、泪水汪汪。

　　根据说明书的交待，吃"国氏"减肥药的时候不可以再吃饭菜及任何零食，因此赵卉紫在前一天就将家中的冰箱和橱柜进行了彻底清理，把所有能进口的东西送的送了，扔的扔了，以防金铃看见了嘴馋。为防金铃心理不平衡，这一天晚饭她只炒了一碗四季豆当菜，表示爸爸妈妈在跟金铃同甘共苦。

　　以后的 10 多天里，赵卉紫每天只买一样素菜进门。

　　金亦鸣很快就吃不消了，声称他又要讲课，又要写论文搞科研，大脑需要营养，这样有盐没油的饭菜他不能继续接受。他说他可以搬回父母家暂住。卉紫不答应，原因是金铃特别敏感，如果知道爸爸住在奶奶家吃好的，她肯定会反抗。

　　金铃一回家，卉紫的神经就绷紧了，寸步不离地守在金铃旁边。去厨房喝水，上厕所大小便，卉紫都跟着，生怕金铃趁人不备偷吃什么东西。这样卉紫就弄得很累，尤其心理上总是紧张，后来竟发展到失眠，上床也睡不着觉，尖着耳朵听金铃房中的动静。

　　一天卉紫在街上看见卖"人体秤"，赶快掏钱买了一个抱回家。3 个人轮流站上去称，卉紫和金亦鸣各瘦了 10 斤，金铃只瘦 5 斤。金亦鸣自嘲地说："这倒好，为女儿减肥，先减瘦了爸爸妈妈，歪打正着，省得以后有人逼我吃这玩意儿。"卉紫回敬他说:"让你减了肥也没害处,中年人太胖了容易得心血管病。"金亦鸣连忙声明:"我宁可得心血管病,也希望每天能吃上一顿肉。"

金铃就拍手,说爸爸讲得好,讲到她心里去了。父女俩立刻亲亲热热成了同一条战壕的战友。

金亦鸣买了一包牛肉干藏在书房抽屉里,时不时偷偷摸一块在嘴里嚼。有一次金铃去问爸爸数学题,闻到了爸爸嘴里的牛肉味。她很精,先不动声色,等出了书房门后又悄悄返回去,躲在门外看。金亦鸣只当女儿走了,伸手再到抽屉里摸牛肉干时,金铃突然冲上前抓住了爸爸的手。人赃俱获,金亦鸣只好跟女儿分享美味,条件是不让妈妈知道。

无奈赵卉紫的鼻子在那些天里已经锻炼得不亚于猎犬了,她很快循着蛛丝马迹找到了那包牛肉干。金亦鸣一个人吃,卉紫没有意见,卉紫愤怒的是金亦鸣居然偷偷给金铃吃,这就变成一场明目张胆的抵抗减肥运动了。卉紫为此又伤心又气恼,觉得丈夫和女儿都不能理解她的一片苦心。后来是金铃主动把牛肉干上缴到卉紫手里,发誓她再不让妈妈生气,卉紫才平和了心态。

减肥不到两个星期,第三盒"国氏"还剩下两小袋没吃的时候,金铃上体育课居然昏倒了。电话追到杂志社,卉紫吓得面无人色，差点儿也跟着昏过去。她在同事的陪伴下坐出租车赶到学校。金铃软软地靠在办公室椅子上，邢老师正端着一碗糖水喂她喝。卉紫扑上去抓住金铃的手，眼泪一下子就冲出来了。邢老师当时对她说了些什么，她一概没有听见，心里只反复念着：我做了傻事，我做了傻事……

那天晚上卉紫买了一只很肥的老母鸡，熬了浓浓一锅鸡汤，满屋子都飘着热鸡汤的鲜香味。金亦鸣回家一连打了几个喷嚏，嘴里还直喊："舒服舒服！我骨头都要散了！"

剩下的两小袋"国氏"，当然就不再吃了，被卉紫扔到垃圾箱里。

跟着金铃的体重又一次直线上升，减掉了 5 斤，很快又长出 10 斤。金铃每次站上人体秤的时候都很惭愧，觉得对不起妈妈。卉紫却说："没什么没什么，你以后自然会瘦的。"

可是肥胖影响智力的问题怎么办呢？卉紫提都不敢再提。

九　天上掉下来的小妹妹

　　金铃下午放学一走进巷子，就觉得气氛不对。往常这个时候是巷子里的各家小店老板最忙碌的一段时间：小吃摊上坐满了等着吃馄饨的老人、孩子和过路行人；杂货店里打酱油的、买味精的、买方便面手纸洗涤剂的，进进出出。就连美发店的生意也火起来了，人们为应付晚上的活动想要吹个漂亮的发型，弄得两个打工妹一时一刻也停不下手中的电吹风。可是今天很怪，人们忽然间都没心思做生意了似的，三五成群站着，面色严峻地议论着什么。

金铃手里有一袋鱼丝，是好朋友杨小丽给她的。她没舍得吃，想讨好一下小黄猫。她拐进小吃店，从油腻腻的桌椅间穿过，直走进里间卧室，推了门到处找那只猫，嘴里还"咪咪"地唤着。头发乱蓬蓬的老板娘跟进来说："你那个朋友快生小猫了，躲起来不肯见人呢。"

金铃恍然大悟，怪不得这几天看黄猫胖了许多呢，原来它要生小宝宝了。可是生宝宝干吗要躲着好朋友？难道我还会伤害它什么吗？

金铃很有点被朋友抛弃的失落感。出了小吃店，她马上把那袋鱼丝拆开，赌气般一把捂在了嘴里。腮帮子立刻鼓出来像小球，舌头也被鱼丝挤得没法转动。她不得不吐回一半在袋子里，嘴巴才恢复了原先的咀嚼功能。

这时候，她惊讶地发现电线杆下簇拥着好大一堆人，不断地有人匆匆忙忙赶过来挤进去，又不断地有人挤出人堆慌慌张张去张罗什么。金铃知道电线杆下住的是修自行车的老爷爷。昨天金铃放学路过这里，还跟他说了话，还把刚买的棒棒糖送给了他的孙女幸幸。难道老爷爷今天出什么事了吗？金铃是个好奇心很重的人，这样的热闹自然不肯白白放过。于是她慌忙把嘴里的鱼丝用劲咽下去，两肩一耸，使肩后的书包背得更牢靠些，弯下身子，拿脑袋当钻头，从大人的腿缝间钻到前沿。

她首先看见的是派出所的民警。有一个戴眼镜的叔叔是她认识的，每次都是这位叔叔到她家查户口、核对身份证。有一回妈妈的钥匙忘在家里了，还是这位眼镜叔叔帮妈妈从邻居家阳台爬过去，开门取到了钥匙。那一次金铃对眼镜叔叔佩服得五体投地，觉得他比电视上的美国特警一点不差。

金铃扯一扯眼镜叔叔的衣服，问他："杀人了？还是有人被杀了？"

眼镜叔叔低头看她一眼，脸上没笑，说："什么杀人、被杀的，你是电视看多了吧？修车的老人家死了，是突然中风。"

金铃吓得浑身一凉，头发都快要一根根竖起来了。她很想看看死人是什么样子，又害怕那样子太吓人，于是用手指捂住眼睛，从指缝里偷偷往四下里看。

没有什么死人。老爷爷睡觉的床上只剩下一张床板，大概人已经被送进火葬场了。屋角的小椅子上坐着老爷爷的孙女幸幸，这个五六岁的小女孩面色苍白，一双眼睛像受惊的兔子似的，怯生生地看着所有围在家中的人，脸颊上还挂着泪痕。金铃心想她一定是吓坏了，她长这么大一定是头一回碰到这么可怕的事。金铃很同情这个小小的女孩，后悔刚才不该把那袋鱼丝吃了，不然现在送给幸幸多好。

金铃听见屋里的大人在七嘴八舌讨论什么，听了半天才听出头绪，原来幸幸的父母早就离了婚，夫妻俩都很自私，谁也不肯要幸幸，都怕这孩子拖累了自己、使自己不能重新组建家庭，幸幸只好孤单地跟着爷爷过。现在爷爷说死就死了，幸幸是跟爸爸呢，还是跟妈妈呢？两边都在推托，差点儿没动手打起来，这会儿闹到律师事务所去了。围在屋里看热闹的邻居边说边叹气，有人还骂幸幸的父母不是人。

眼镜叔叔说："行了，大家都回家去吧，孩子先跟我到派出所住几天，晚上我带她回家。"

有人说："你还没结婚呢，哪会带孩子？"

眼镜叔叔用一根手指推了推眼镜："嘿！天下无难事，不会就学呗！"

金铃突然挤上去说："让幸幸跟我回家住，好不好？"

眼镜叔叔吃惊地看着她："你？金铃？"

金铃说："我妈妈会带孩子。再说我也喜欢小妹妹。"

眼镜叔叔认真想了想，觉得也没有什么不好，反正就住几天，等幸幸的父母达成协议，他们中的一个自然会领幸幸回家。

眼镜叔叔叮嘱金铃："如果你妈妈不同意，可别跟妈妈吵，把幸幸送回派出所就行了。"

金铃心里有把握地想:妈妈才不会不同意呢。

金铃挽了幸幸的小手上楼,敲开家里的房门时,妈妈啊的一声轻叫,眼睛瞪成了一对铜铃。几年前,金铃曾经把邻居一个两岁的小女孩抱回家当洋娃娃玩,女孩的妈妈以为孩子被绑架或是拐卖,急得口吐白沫昏倒在地。那家人又是报警又是到电视台发寻人启事,闹得一条街上人心惶惶。卉紫下班回家,从外面听说这事,生怕金铃也出了意外,三步两步奔回家一看,两岁的小女孩乖乖地坐在痰盂上大便,金铃手里拿着卫生纸守候在旁边,等着履行做一个小母亲的责任呢。卉紫哭笑不得,忙替小女孩擦干净屁股,一把抱起来送下楼去,才算平息了一场风波。卉紫转回来就把金铃骂了个狗血喷头,勒令她以后再不准把邻居的孩子带回家玩。

现在卉紫看见金铃挽着幸幸上楼,自然而然就想起几年前的事,以为是金铃老毛病重犯。卉紫用身体拦着门口不让她们进来,喝令女儿说:"从哪家领回来的,还送回哪家去!"

金铃申辩道:"她没有家了,你让我送她回哪儿?"

卉紫这一惊更是非同小可,想金铃这孩子真是越过越糊涂了,居然把一个没家的孤儿领回来了。

金铃说:"不是啊,你听我说,她爷爷刚死……"

金铃就把幸幸的情况简单说了一遍。

卉紫说:"你这样做是出于同情心,我不能反对。可是妈妈白天要上班,谁在家照顾孩子呢?"

金铃说:"好办,幸幸白天上幼儿园,就是巷子拐进去的那个,她晚上才回家。"

"晚上你要做作业,不能为一个孩子分心。你今年六年级了,不是四年级五年级……"

金铃大叫起来:"说来说去,妈妈你只是在找借口不想接受她!"

"不想接受也是为你好!"

"不是为我好,是你自私,不愿意帮助别人!"

母女俩唇枪舌剑,嗓门一下子都提高了八度。

正好金亦鸣下课回家,"咚咚咚"的从楼下爬上来,大惊小怪地喊:"吵什么呢?吵什么呢?在楼下就听见你们两个的尖嗓门。"

两个人争着向金亦鸣申冤。金亦鸣摸摸幸幸的头说:"就是她吗?"

幸幸被金亦鸣一问,满肚子的委屈和凄楚爆发出来,嘴撇了两撇,大哭起来。金铃埋怨妈妈说:"你看你。"卉紫这时候心也软了,怀疑自己刚才是不是做得太过分。

金亦鸣想了想,拿不定在妻子和女儿之间偏向谁说话好。他决定还是做"和事老"比较合适。他对金铃说:"爸爸有个办法。你明天不是要数学单元测验吗?如果测验成绩在90分以上,你就有资格把幸幸留下来。否则只好对不起了。"

金铃跳起来:"一言为定? "

金亦鸣说:"一言为定。"

金铃不放心,跟爸爸钩了指头。

卉紫闪开身子让金铃和幸幸进屋,狠狠地朝金亦鸣瞪了一眼,说:"就你会做好人! "

金亦鸣摊摊手:"谁让我是一家之主呢? "

卉紫是刀子嘴豆腐心,口头上没有同意幸幸住进家里,实际上还是忙碌开了,晚饭特地添了一盘盐水鸭,把鸭腿鸭脯什么的一个劲地往幸幸碗里夹,又催着她多吃饭:"多吃饭才会长肉。你看你金铃姐姐多胖,身体多好。"

金铃就在背后朝爸爸眨眼,两个人互相伸舌头做鬼脸。卉紫其实是看见了的,为不让这父女两个太得意,她装作没看见。

晚饭后金铃做作业,卉紫就把幸幸带到卧室里看画书。幸幸很乖巧,说什么听什么,总是怯生生的模样,眉里眼里的神色惹人爱怜。卉紫心想她真有这么个小女儿也挺好,免得金铃一个人受宠过多,弄成一副张牙舞爪的样子。

晚饭后金铃做作业，卉紫就把幸幸带到卧室里看画书。幸幸很乖巧，说什么听什么，总是怯生生的模样，眉里眼里的神色惹人爱怜。

直到9点钟睡觉的时候才来了新的问题:家里只有一大一小两张床,金铃一心要幸幸跟她睡小床,卉紫坚决不同意,因为金铃睡觉的姿态太野蛮,伸胳膊蹬腿不说,有两回居然从床上滚下来,半夜里"咚"的一声把人吓一跳。

卉紫说:"你这么胖这么重,把人家孩子压坏了怎么办?"

金铃说:"我可以用绳子把手和腿捆起来睡。"

卉紫不理她,在客厅沙发上铺了一张临时床铺,四面用椅子围好,看上去相当舒适。金铃见状也就不再坚持,退一步要求由她来替幸幸洗澡。卉紫叹了一口气同意了。卉紫觉得金铃这孩子有点与众不同,特别喜欢同情和帮助弱小者,不知道是不是天生一个做好母亲的料子。

卉紫打开热水器开关,到浴室里放了水,一扭身,发现金铃已经手脚利索地帮幸幸把衣裤鞋袜全扒掉了,卉紫心想她自己洗澡可从来没这么利索过。

浴缸其实不高,可是金铃很负责地把幸幸抱着放了进去。她先用热水把幸幸全身冲一个遍,然后细细地打上肥皂,再从脖子开始依次搓洗。洗得最认真的是腋下,因为卉紫在金铃每次洗澡时都要反复提醒:胳肢窝!胳肢窝!而每次检查金铃的胳肢窝,不是一搓一把污垢,就是摸了满手未冲净的肥皂沫,弄得卉紫大叫:"你看看你洗的澡!"现在金铃替别人洗澡,倒是把妈妈的叮嘱牢牢记住了,并且做得这么一丝不苟。

幸幸洗完了金铃洗，然后两个人都揩干身体钻进各自的被窝。卉紫替她们整理好衣服，掖好被子，把灯熄掉，把金铃房间和客厅的门分别关上，觉得家里是真正安静下来了。

半夜里卉紫习惯性地醒来，去替孩子们盖被子。走进金铃房间，她怕吵醒女儿就没有开灯，熟门熟路走到床边，伸手去摸金铃的肩膀和头。这一摸，卉紫吓得差点没大声叫起来，因为她在金铃肩侧摸到了一个毛茸茸圆溜溜的东西。卉紫顾不上吵醒不吵醒的了，赶快开灯细看，这才知道毛茸茸的东西是幸幸的脑袋。金铃不知道在什么时候已经偷着起了床，把幸幸又弄进了自己被窝里。卉紫真是哭笑不得，看看两个孩子呼噜呼噜正睡得香呢，觉得叫醒她们也不好，就只好算了。

早晨卉紫特意早起了一刻钟，到金铃房间去叫两个孩子。推门一看，金铃已经穿戴整齐站在床边，正在费劲地帮幸幸套毛线衣。卉紫又好气又好笑地说："哪天喊你起床都要赖，今天怎么这么勤快？"

金铃慌忙停下手里正做的事，把卉紫拉到门外，顺手掩上房门，小声说："妈妈我求你一件事。幸幸住在我家的时候，你能不能尽量不说我的缺点？"

卉紫问:"为什么要这样?"

金铃不好意思地笑笑:"妈妈你想嘛,幸幸是我的小妹妹,我在她面前必须有点威信,是不是?如果让她知道我缺点太多,她不就看不起我了吗?"

卉紫忍不住扑哧笑出了声。金铃慌得赶快用手捂妈妈的嘴。卉紫在金铃手心里鼻音很重地说:"你还知道树立形象啊!"又说:"记住了,要是今天考得不好,幸幸晚上就必须送走。"

金铃连忙点头,又伸伸自己拉过钩的小指头,表示她是说到做到的。

卉紫这一天在杂志社心神不定。她告诫自己:工作要紧!女儿的考试不过是单元测验,没必要每次考试都如临大敌,孩子的分数不是那么重要的!可是道理是知道,心里还是忍不住期盼着、祷告着、热望着,祝愿女儿能拿到一个漂漂亮亮的分数。

3点钟一过,卉紫把手边的事处理完,就骑车回家。路上拐到菜场,看见鱼摊上新到了两三斤重的大鲢鱼头。鲢鱼头煨汤、红烧都是好东西,金铃最喜欢这道菜了。卉紫就停下来问了价钱,卖主说6块一斤,真是好贵。卉紫犹豫着该不该买。买了,如果金铃今天考得不好,大家情绪都坏,两个孩子还有一场生离死别的痛苦,再好的东西吃着也没意思；不买，要是金铃考得好呢？难道这样的可能不存在吗？卉紫站在鱼摊前迟疑了半天，弄得摊主都烦她了。最后她还是咬牙买了一个 3 斤重的大鱼头。

5 点钟，卉紫煨好了鱼头，关掉煤气灶，准备下楼去接幸幸回家。恰在此时门铃唱歌一样响了起来。卉紫开门一看，金铃笑嘻嘻地站在门外，手里捏着一张薄薄的卷子。

"妈妈猜猜多少分？"

卉紫一看金铃的神色就有数了，马上觉得心里一松，也跟着笑嘻嘻地答："80 分？"

金铃摇头。

卉紫小心地说："90 分？"

金铃又摇头。

卉紫说："总不会是 100 分吧？"

金铃大声欢呼起来："是 98 分！"

卉紫噢的一声，忍不住朝金铃张开双臂。金铃也跟着扑上前，吊住卉紫的脖子，猴儿一样爬到她的身上，又是亲又是笑的，简直不知道怎么高兴才好。

卉紫说："好吧，放开我，我得接幸幸去。"

金铃放开卉紫，说："妈妈你闭上眼睛。"

卉紫就闭上眼睛，听见金铃急急地下了一层楼梯，又很快返回来。

卉紫再睁眼时，幸幸已经开开心心地站在她面前了。原来金铃先把幸幸接了回来，暂时藏在了楼道里。

卉紫大叫："哈，你这个坏东西！又在我跟前先斩后奏。"

金铃把一根食指竖在嘴唇上，使劲对妈妈挤眼睛，小声提醒她："又忘了？别说我的缺点。"

吃饭的时候，卉紫很想不再对这件事发表意见，可终归没有能忍住，用筷子指着金铃说："可见你学习上是有潜能的，邢老师的看法一点都没错。"

金铃抗议道："妈妈，用筷子指着别人很不礼貌。"

卉紫看看金铃，又看看自己的筷子，一声不响地把胳膊收了回去。

金亦鸣慢悠悠地插了一句话："我一直坚持这个观点：小学里学习成绩最好的孩子将来未必能成大器。"

金铃问爸爸："你认为我将来是人才吗？"

金亦鸣笑了笑："我相信你。"

卉紫哼了一声："将来是将来，现在是现在。现在你是六年级学生，明年夏天要参加升学考试，你必须保证每回考数学都拿到 98 分的好成绩，进外国语学校才有希望。"

金铃把身体用劲往椅背上一靠，快快地嘟哝道："妈妈总是扫兴。"

金亦鸣跟着说："你妈妈有点走火入魔。"

好好的一顿欢乐晚餐，吃到最后仍然是乌云压顶。卉紫很恨自己对孩子分数的这种过于敏感，但又没法克制自己不想、不说。

第二天是星期六，卉紫决定带金铃和幸幸去逛商场。金铃自己对穿衣打扮不太感兴趣，可是她希望妈妈能把幸幸打扮得漂亮一些，就起劲地跑前跑后帮幸幸挑衣服。她们替幸幸买下了一条咖啡色带米色蕾丝花边的连衣裙，一双小皮鞋。金铃很兴奋，马上央求妈妈帮幸幸穿上新衣服，然后她拉着幸幸的手骄傲地在商场里走来走去，仿佛要展示一个漂亮的小模特儿似的。

幸幸心里也很高兴，但是她什么都不说，只把对金铃的感谢表现在对金铃的百依百顺上。这使得卉紫越发对幸幸怜爱有加，觉得小女孩要真是从此在家里住下来，倒也蛮好。

后来卉紫又领着她们去文具柜台，买了些圆珠笔橡皮什么的。金铃提出要到玩具柜台看看，卉紫也同意了。玩具柜台新到了一批为圣诞节准备的礼品玩具，其中有一排金发碧眼的芭比娃娃。金铃趴在柜台上目不转睛地看，眼珠子恨不能跳出来粘在柜台玻璃上。卉紫本想替她们一人买一个，凑上去看看标价，一个娃娃差不多要卖200块钱，是她一个月工资的四分之一。卉紫吓了一跳，赶紧装作不知道孩子们的心思，若无其事地从柜台旁边绕过去，目光停留在为婴儿准备的一排塑料玩具上。

金铃却是不屈不挠地追上去，旁敲侧击地说："张灵灵家里有一个芭比娃娃，是她妈妈送她过生日的。那个娃娃一共有三套衣服，一套晚装、一套泳装、一套冬装，可以换来换去。胳膊腿也是软的，让它摆什么姿势就摆什么姿势，比一般的娃娃高级多了。张灵灵老是用她的芭比娃娃逗我们。"

卉紫转过身，认真地问金铃："张灵灵父母是干什么的？"

金铃答："好像是……当经理？"

卉紫两手扶住金铃的肩膀："你听着，爸爸妈妈都是工薪阶层，和人家经理不一样。正当的要求可以满足，比如吃饭穿衣买书买笔，可是昂贵的奢侈品不能买，我们没必要跟人家比这些。"

金铃狡猾地看着妈妈，反问她："我要你买了吗？"

"可是你刚才……"

"我只不过说那娃娃很漂亮，没有说我想要。"

金铃说完这句话，挣开妈妈的手，一扭身就走了。卉紫依稀看见她眼里有亮晶晶的东西闪了一下，但是卉紫硬下心肠没有理睬。

星期天傍晚，金铃和幸幸肩并肩坐在沙发上看动画片，忽然有人敲门。敲门声很响，而且理直气壮。卉紫急忙从厨房里跑出来，甩着一双湿淋淋的手去开门。

门外站着一个二十七八岁的女人，初冬天气穿一条刚过臀部的超短皮裙，下面是肉色透明丝袜，鼻尖和脸颊冻得微微发红。她手里还抱着个刚满周岁的孩子。

"请问幸幸是住在这家吗？"她昂着头，不太客气地问卉紫。

卉紫正犹豫着不知该怎么回答，幸幸已经闻声从客厅里跑出来了。卉紫弯下腰问她："这是不是你的妈妈？"

幸幸看了那女人一眼，马上垂下眼皮，轻轻点一点头。

卉紫觉得不该让客人站在门外，就热情地请对方进来坐下。

那女人却不动，语气淡淡地说："你不必张罗，我是来带幸幸走的。"

卉紫问："和她爸爸达成协议了？孩子归你抚养？"

女人嘴角一撇："凭什么归我抚养？我们每月各出200块钱，幸幸住到我妈家里去。"

卉紫说："跟着外婆，也好。"又摸摸她怀中男孩的头，"这是幸幸的弟弟？"

"不，这是我的儿子。"她把"我的儿子"几个字咬得很重。

卉紫叹着气，进屋收拾幸幸的东西。那女人就抱着孩子在门外等着。幸幸低头站在门内，不说话，没有一点见到母亲的欣喜。金玲跟在卉紫身后直转，拉拉她的衣角，小声问："真的不可以把幸幸留下来吗？"

卉紫说："不可以，她有父母，法律不许可。"

金铃带着哭声说："可是她不喜欢她的妈妈，那个女人也不喜欢幸幸。"

卉紫回过头："不许这样说人家阿姨。"

金铃鄙夷地哼哼着："她算什么做妈妈的？一点母性都没有。"

卉紫心里有些好笑，因为金铃知道使用"母性"这个词。她收拾了幸幸简单的衣物，扎成一个包，出去交到那女人手上，又蹲下，双手捧起幸幸的脸，说："好孩子，记住你金铃姐姐的家，任何时候都欢迎你再来。"

那女人一把拉过幸幸的手，连声谢谢都没说，转身就下楼了。

卉紫连忙朝屋里喊："金铃！怎么不出来跟幸幸说再见？"

房间里没人回答，也不见人出来。卉紫连忙进去一看，金铃靠在房间的墙上抽泣着，泪珠儿大滴大滴滚落下来。卉紫心里一热，一把将金铃搂在怀中，说："好孩子，妈妈知道你是个善良的孩子，可是幸幸毕竟有她的爸爸妈妈，她总是要过她自己的生活的。"

金铃把头埋在卉紫胸前，瓮声瓮气地问："妈妈你说，世界上有没有真正快乐的孩子？”

　　卉紫心里一冷，她想女儿这问题问得太深刻也太沉重了，她简直不知道如何回答是好了。

十　当家理财好滋味

卉紫曾经给过金铃一个用旧了的皮夹子，让她用来放每月的 10 块零花钱。皮夹子太大了，10 块钱一张票子又太薄了，皮夹子看上去始终瘪瘪的不气派。金铃就想办法填很多废纸进去，让皮夹子显得鼓起来。有一次她还偷偷拆了卉紫的两包卫生巾，用那里面软软的棉花做填充物。卉紫知道后骂了几句，说金铃太爱虚荣。金铃辩解说："做有钱人的样子不好吗？钱多了能买房子，买汽车，买漂亮衣服，出国留学，还能捐款买一个名誉教授，报纸上这么说的。"

卉紫心里想，如今的孩子从报纸电视上都接受些什么呀！宣传一心助人、见义勇为、发奋图强的事迹他们视而不见，倒注意上了大款们给学校捐款获名誉头衔的事。

第二天上班，她为这事在编辑部里发了一通感慨。一个新分来的大学生却坚决跟金铃站到了同一立场上，说："能挣钱有什么不好？发展了生产，搞活了经济，于国于民都有利。就是要鼓励孩子将来挣大钱，别像我妈那代人，用着钱心里开心，谈到钱又觉得肮脏，太虚伪了。再说了，现在是高科技时代，能挣大钱的都是文化人、知识结构高的人，把这点跟孩子说明白，他们自然会发奋读书。"

卉紫疑疑惑惑地说："照你这么说，挣钱才是孩子学习的动力？"

大学生理直气壮地反问："不是这样吗？名利名利，名和利根本是不可分的。"

卉紫真的有些糊涂，不知道这社会评价一个人成功与否的标准到底是什么。比如像金亦鸣，40岁出头，教授职称差不多快要给他了，教学成果和科研成果都能看见，可就是每月的工资不够买一件羊绒衫或是几斤大闸蟹，他能算是当代的成功人士吗？

有一天金铃兴冲冲地从外面回来，大喊大叫地对卉紫说："我见到那个女人了，我见到那个女人了！"

卉紫莫名其妙地问："谁呀？哪个女人？"

"就是幸幸的妈妈呀！"

卉紫一把拉住金铃："幸幸跟没跟着她？"

金铃摇摇头："幸幸住在外婆家。我求她把幸幸外婆家的地址给了我。你看！"

金铃摊开手，手心里是一个热乎乎的小纸团。她补充说："很远呢，在郊区呢，我已经问过眼镜叔叔了。"

卉紫小心地看看金铃："你准备去看幸幸吗？"

"当然。"

"那好，妈妈陪你去。"

金铃眯着眼笑起来："我知道妈妈会去。"

卉紫说："得带上点礼物。刚好昨天我们单位分了苹果，再上街买几本画书。如果不够……"

金铃打断妈妈的话："我知道幸幸最喜欢什么。我要等攒够钱，买到那个东西，才去看幸幸。"

卉紫问："是什么？也许妈妈……"

"不，你不会同意给我买的，我要自己攒钱。"金铃说这句话的时候，脸上的神情忽然变得很坚决，不容卉紫否定。

金铃跑进自己房间，关上门，开始数自己皮夹里的钱。连同五分一角的硬币在内，总共才六块三毛钱。她又拿出陶瓷储蓄罐，抽下底板，把存在里面的一块钱硬币倒出来，数了半天，不到 50 枚。这些硬币都是平常奶奶和外婆给她存着好玩的，怪她自己太会花钱，常常上半个月就把 10 块钱零花钱用光了，下半个月只好时不时从罐子里掏一个硬币用用。这样，储蓄罐里的钱就总不见增多。这下惨了，真该用钱的时候，财政困难了。

金铃灰心丧气地坐在床上，绞尽脑汁想赚钱的主意。卖报？不行不行，天天早上 7 点到校，晚上 5 点出校门，哪有多余的时间？卖废品也不行，妈妈总喜欢把家里的废品随时送进垃圾车，一点儿也不像人家那些精打细算的老太太们，废品能攒得堆满阳台。要么帮同学做作业？可是她自己作业天天被打红叉叉，谁能这么傻，雇一个错误率很高的"枪手"替自己增加红叉叉呢？

金铃无聊地想了半天心思，有一搭无一搭地翻着手里的语文课本。忽然她看到了这么一行字："解放了，人民当家做主了。"她脑子里灵光一闪，忽地跳起来，冲出房门。

妈妈正在厨房里切菜，看见她就问："做作业了没有？"

金铃说："还没有。我想先跟你商量点事。"

卉紫停住手，警惕地看着金铃："是不是哪门功课又考砸了？"

金铃说："妈妈你脑子里怎么只有考试这一根筋呢？我

104

金铃说:"明天是一号，下个月可不可以由我当家?"

卉紫惊讶地张大嘴。

想跟你谈的是家务问题。"

卉紫松一口气，叫她快说，因为现在已经是吃晚饭的时间了，案板上的菜还没下锅。

金铃说："明天是一号，下个月可不可以由我当家？"

卉紫惊讶地张大嘴。

金铃摆出几条理由："一，当家理财可以锻炼我的办事能力，这是你一向希望我做的；二，你平常总是说，不当家不知柴米贵，我当一个月家，肯定能提高节约观念，以后不会再大手大脚花钱，这也是你希望我做的；三，……"

卉紫不等她说完，不客气地打断了她的话，直截了当地问："说吧，你有什么要求？"

金铃吐吐舌头，心想还是妈妈老奸巨猾，马上就猜出她并不想无偿奉献。金铃有些不好意思，支支吾吾说："其实也没什么……我并不过分……你一共只要给我 300 块钱，如果一个月过完了还能有节余，那么节余的钱可不可以归我？"

卉紫问："你真的很需要钱吗？"

"是的，我很需要。"

卉紫想了想，说："300 块钱够我们一家用一个月？还指望有结余？你真是个孩子。这样吧，我大方点，给你 1000 块，所有的吃用开销都在里面，行吗？"

金铃张了张嘴，惊喜得说不出话来。她没想到这么容易就得到了妈妈的许诺，而且开口就给了 1000 块。天哪！1000 块钱是个多大的数字，她这辈子还没有见过这么多钱。金铃觉得头都昏了，手心里汗津津的，连嘴巴都有点发苦。她觉得需要有个安静的地方仔细想一想，于是就把自己关进了厕所。

　　金铃坐在厕所里开始扳着手指算细账，嘴里念念有词：如果一个月只用去 200 块，她就能结余 800；如果用 400，她能得 600；算多点，用 500 吧，还能剩 500。金铃数学虽然学得不好，这点账还是能算得出来的。500 块钱是个多大的数目啊？买街头小摊上的"美少女战士"卡片能买 500 张，夏天买三毛钱一根的冰棍能买 1000 多根！上帝啊，那时候她就是全班最富有的人，张灵灵的芭比娃娃算什么？杨小丽皮夹子里的 100 元崭新票子算什么？她把她们统统压倒！

　　金铃从厕所出来时，关于这个月的用钱计划已经了然在胸，马上对妈妈郑重宣布：坚决杜绝大手大脚花钱的现象，除了米面油盐一类生活必需品，其余一概不买。牙膏肥皂都要省着用，全月只可吃肉一次，吃鱼两次，吃鸡蛋数枚。

　　卉紫惊呼："金铃你也太黑心了吧？这样用钱，你当一个月家可不是要赚去一大笔？"

金亦鸣也表示抗议："这不行，一个月只吃一次肉，你这是虐待父母。"

金铃洋洋得意，马上就摆出了当家人的架势，对爸爸妈妈的意见一概不予理睬。到手的 1000 元啪啪作响的票子，她小心藏到了一个很秘密的地方，家里除了她之外，恐怕只有老鼠才能找着。

第二天早上去学校前，卉紫向金铃讨要这一天的菜金。

金铃心情很好地抽出一元钱，交待妈妈买菜不得超支。中午回家吃饭时，桌上果然只有一碗青菜。一元钱上菜场能买什么呢？

金铃吃着青菜，觉得味道很好，不知不觉间一筷接着一筷，一碗青菜马上见了底，弄得金亦鸣和卉紫面面相觑，只好从冰箱里找了一袋榨菜下饭。

金铃放下筷子后，很精细地问了烧这碗青菜所需的油、盐、味精、煤气、水的价钱，心里默算一刻，觉得还是贵了，顶好顿顿吃榨菜泡饭才节省。

金亦鸣宣布说，从明天起他准备在学校食堂搭伙，不吃家里的饭了。金铃马上转过身问卉紫："妈妈你呢？"

卉紫绷住脸说："我得回来，我们杂志社没食堂。"

金铃说："回来就回来吧，反正女人比男人吃得少。不过我得声明：在外面吃饭的钱不可以在我这里报销。"

金亦鸣叹气说:"我真是悲哀,将来我和你妈妈老了,如果要靠你养活,会是个什么惨景啊!"

金铃不同意:"你不应该这样的联想,因为那时候我自己就能挣钱了,我挣的钱会比你们多很多,让你们想花都花不完,不知道拿那些钱怎么办才好。"

金铃一边说,一边觉得肚子已经有点饿了,习惯地打开冰箱找食物。有一袋几天前买的面包,金铃原先认为不好吃,这会儿吃得津津有味。卉紫也不说穿,只在旁边偷笑。

晚餐时,桌上意外地摆了一碗红烧排骨。金铃大概是饿得慌了,坐下来就夹一块进口。嚼了两下,忽地睁大眼睛,跳起来大叫:"妈妈你怎么可以偷着拿钱买肉?"

卉紫说:"你把钱藏在哪儿,我根本不知道。这排骨还是上星期买的,一直冻在冰箱里没吃。"

金铃长出一口气,重新坐下来,筷子开始频繁地往排骨碗中"扫荡",当然也知道兼顾一下爸爸妈妈,嘴里含着肉块呜噜不清地说:"你们吃呀。"

一会儿工夫,排骨碗里只剩下了汤水。

金铃心满意足地擦了嘴,开始宣布一条关于本月份家用的"修订计划":冰箱里的存货但吃无妨,还可以开源节流,呼吁奶奶和外婆多送些好吃的肉食来。

尽管金铃把抓钱的手攥得很紧,有些开支还是无法削

110

减，比如吧，牛奶不能不订，报纸不能不买，油、味精、牙膏、洗衣粉、手纸、电池等等都不是耐用品，需要经常添置。一星期过去，金铃扒出钱来数一数，已经用去 200 块。金铃心里真是纳闷：没怎么用钱，怎么钱就少得这么快呢？莫非钱会长脚自己溜了？

转念一想，还是很乐观，因为照这样算，一个月是四星期，用去 800 块还能剩 200 块，这个数字也够她心跳的了。

可是更严峻的问题次第出现：液化气要换，灶具要修，水电房租费要付，金铃的学校里要收补习班费、困难班费、附加教材费、加印试卷费，很快又是爷爷和外公的生日，买蛋糕礼品又要花钱……哎呀呀，简直没完没了。眼见钱像流水一样淌出去，金铃心如刀割，实在有种欲哭无泪的悲伤。此时的金铃对"结余"这个词彻底丧失了信心，她也不再奢望自己的皮夹子里会有一分钱的进项。她面色庄严地对妈妈说："现在我真的懂事了，知道你们养活我很不容易。我决定交回当家权，也不再要求报答。"

卉紫说："事情既然开了头，最好还是做到底。实在不够用，我可以再追加费用。"

金铃摇头，死活不能同意。她感觉花钱的过程太惊心动魄，她受不了那种割肉剜心的悲痛。

卉紫就跟金亦鸣商量，认为女儿当这一回家也不容易，至少在如何用钱方面受到了深刻教育，所以给她 100 元作为奖励。

金铃拿到这钱之后大喜过望。她一方面替妈妈心疼，觉得给得太多，一方面又实在是需要这笔钱用。她决定只此一次，以后决不再接受这样的巨额赠款。她把这意思跟妈妈说了以后，卉紫感觉十分欣慰，心想女儿是真的长大一些了。

金铃带着身上所有的钱去了商店，买回一个漂亮极了的芭比娃娃。那次跟妈妈逛商店时，幸幸盯着那个芭比娃娃看得目不转睛，金铃那时就有了要送她一个的心思。金铃抱着大礼盒回家的时候心里还有点忐忑不安，生怕妈妈会责怪她买这么昂贵的东西。可是妈妈问明娃娃是要送幸幸的，非但没责备，还对爸爸感叹说："我们女儿实在是个善心的孩子,朋友、同学的孩子中我没见过她这样大方的。"又说："以后踏上社会，不愁她不能立脚，因为好心人总有好报。"

金亦鸣就说："我以前说什么来着？孩子将来不是光凭着学习成绩做人，你没必要把她弄得整天灰头土脸的。"

金铃在外面偷听到了父母的谈话。她有点想哭，因为她没想到爸爸妈妈对她这么信任和理解。她想她以后要加倍努力学习，不能让爸爸妈妈失望。

　　芭比娃娃在圣诞节的前一天送到了幸幸手上。是卉紫陪着金铃花了半天时间才找到幸幸外婆家的。幸幸过得还好，只是脸上总有点与小小年纪不相称的忧郁。见了金铃，她心里也高兴，却不像金铃那样的狂喜大叫。她只是淡淡地笑着，牵紧了金铃的手，一步也不肯离开。

　　那个漂亮的芭比娃娃，幸幸用另一只手抱在胸前，像抱着世上最珍贵的东西。

十一　小人得志和君子报仇

圣诞节一过,接下来便是元旦,新的一年开始的第一天。

邢老师在班上建议说,这是同学们在小学生活中所过的最后一个元旦了,明年的这个时候,全班同学已经各奔东西,分散到各个中学去了,为了让小学生活留下一个难忘的记忆,元旦是不是组织一个热热闹闹的庆祝会,大家尽兴狂欢一次?

邢老师话音刚落,全班掌声雷动,尚海开心得把帽子都扔到了天花板上。

班长胡梅很负责任，马上召开班会讨论这件事，决定元旦那天用班费买些彩纸什么的把教室装扮得漂亮一点，每个同学量力而行带一些零食，瓜子话梅巧克力什么的都行。最重要的是大家要出节目，每人一个，谁也不许耍赖。为保证节目质量，各小组还要重点排练一个"大戏"。

金铃心里盘算了一下，准备到时候上台讲一个笑话。她家里有一本《笑话大全》，那上面的小故事实在好玩，金铃每看一遍都要笑得肚皮发痛。

杨小丽愁眉苦脸地跟金铃商量："我出个什么节目好呢？又不会唱歌又不会跳舞……"

金铃帮她出主意："当场作画吧。你不是一直在上美术班吗？"

杨小丽连忙摇手："可别！我要是一上台，准会紧张得拿不住笔。"

金铃又说："要么改诗歌朗诵？"

杨小丽说："算了吧，我这种声调，念经还差不多。"

金铃再也没辙了。最后还是杨小丽自己想出办法:当场学几种猫叫。杨小丽家里养了两只猫，那两个小东西成天在她面前打架争宠，她对各种各样的猫叫声可算是熟悉到家了。

个人的节目都有了着落，小组的"大戏"却碰到难题。

出什么样的节目才能又好玩又出奇制胜？组里讨论了一个中午，想出不下 10 种方案，又被大家一一否决。

副班长倪志伟手里转动着他的高级自动笔，慢悠悠地说："还是我来说吧，我们可以排演一个小品:猪八戒背媳妇。"

话音刚落，组里同学都乐了，都觉得这个节目一定有趣，能镇得住其他 3 个组。

倪志伟接着说："先别笑，我的话还没完。我们这个猪八戒要让女生来演，小媳妇要让男生来演。"

这一来，男生们笑得更厉害了，跺脚的，拍巴掌的，吹口哨的，什么姿态都有。女生们却有点笑不起来，一方面心里都在敲着小鼓，生怕"猪八戒"的角色会落到自己头上；一方面总觉得倪志伟的提议味道不对,带着些捉弄人的意思，令人不能不警惕。

倪志伟就是这么个阴阳怪气的人，奸坏奸坏的，杨小丽背地里给他取了个绰号叫"白脸曹操"。他的确皮肤很白，长得也是眉清目秀，身材高高的，腿长长的。因为他聪明，成绩好，又口齿伶俐能言善辩，邢老师就让他当了副班长。可是又因为过于尖酸刻薄，与人说话总带着三分瞧不起对方的语气，一副自命不凡的模样，所以他在班上的人缘并不好，是个高高在上、不讨人喜欢的角色。

等男生们开心过了，杨小丽小心翼翼地问："那么……

谁演猪八戒？"

　　一下子都没了声音。大家眼巴巴地盯在倪志伟脸上，忐忑不安的，心存戒备的，幸灾乐祸的，等着看笑话的，什么表情都有。

　　倪志伟这时候很得意，像一个艺术家表演拿手绝活儿前要充分吊起观众胃口一样，眯起眼睛，先不说话，只用目光轮番在女生身上扫射。被扫到的女生无一不起了一身鸡皮疙瘩。

　　金铃看不过了，奋勇站出来表示抗议："倪志伟你有话快说！"

　　倪志伟转过头，阴沉沉地看着她："你已经等不及了？"

　　金铃哼着鼻子说："别以为自己有多了不起！摆出这副架势……"

　　倪志伟这时候就龇牙一笑："演猪八戒的人有了，就是金铃。"

　　哄笑声中，金铃只觉得脑子里轰的一声炸了似的，鼻孔里呼出的气息都带了燥热。

　　倪志伟又说："金铃这么胖，演猪八戒多合适！小媳妇就让尚海来演吧，他又矮又瘦，金铃背他没问题。"

　　杨小丽替好朋友抱不平："为什么非得让女生演猪八戒不可？"

倪志伟笑嘻嘻地说:"好玩啊！再说,你懂不懂京剧？京剧里不都是女的演男角,男的演女角吗？这叫发扬国粹！"

组长李小娟也跟着附和说:"金铃尚海你们两个就演一次吧,为我们组争光,多好的事啊。"

杨小丽反驳她:"好事你为什么自己不干？"

李小娟苦了脸说:"我这么瘦,不像猪八戒呀！"

杨小丽还想说什么,金铃已经不耐烦了,一把拉住她:"别说了,我演就是。不就是个猪八戒吗？"

金铃很爽快地把尚海揪起来,自己半蹲下身子,喝令他趴到她背上,马上就试试身手。尚海脸红得像熟柿子,在金铃的吆喝和全组同学目光的逼视下,只得轻手轻脚趴到金铃的背上,当真像个害羞的小媳妇似的。

金铃一使劲就背起了尚海。她觉得他在背上没有什么分量。她紧绷了脸,目光里带着凶气,示威一般背着尚海绕全组同学转了一圈。她本来准备一旦有人发出笑声(不管是善意的还是恶意的),马上就把背上的尚海当做炮弹一样对他(她)扔过去。

可是没有一个人笑,大概都被她脸上少有的凶气吓住了。

倪志伟就觉得有点无聊,仿佛自己受了冷遇一样。趁金铃背着尚海朝他走过来的时候,他悄悄把一只脚伸到课桌外,脚尖还故意跷着。

金铃这时因为一心注意同学脸上的表情，对脚下的障碍物疏忽了，毫无防备地被倪志伟绊了一跤，连同背上的尚海一起，两个人结结实实地摔在地上。金铃脸上擦破了一块皮，开始只有点发红，慢慢就渗出些血印子。尚海更亏，他的鼻子本来有问题，一碰就爱出血，这时血已经顺鼻孔流到了嘴唇上，模样很是吓人。

女生们都惊叫起来。

杨小丽大声嚷嚷："倪志伟你真坏！你太喜欢捉弄别人！"

倪志伟做出一副很委屈的样子："怎么是我捉弄人？明明是金铃走路不看脚下，倒赖到我头上来了？"

金铃脸上火辣辣地疼，她心里明知是倪志伟使了坏，可是没有证据总不好找他打架吧？尽管真要打架倪志伟一定不是她的对手。金铃狠狠地瞪了倪志伟一眼，口气却很平静地说："你这是自作聪明。"

倪志伟学着电影上那些外国明星的样子，若无其事地耸一耸肩膀。

傍晚放学回家，卉紫见到金铃脸上的擦伤，吓了一跳，问："跟人打架了？"

金铃故作没事的样子说："妈妈真是的，女孩子怎么会跟人打架？"

卉紫说："那你脸上……"

金铃偏过头说:"我上体育课跌了个跟头。"

卉紫很心疼,一边拿出碘酒替她擦洗伤处,一边开始唠叨,埋怨金铃走路太不当心,好好的人怎么会跌跟头?又不是一两岁小孩子!金铃忍着疼任由妈妈摆弄,闭着嘴巴什么也不说。

什么也不说并不等于软弱,不等于受了倪志伟的欺负就算了。金铃只是不喜欢一点小事就咋咋呼呼,更不喜欢频繁到老师面前打小报告。她对告状的行为一向不屑一顾。

整个晚饭时间,金铃都在想着怎样回击倪志伟一次。

这天的语文作业是写一篇日记。金铃已经有了主意。

金铃这天的日记是这样写的:

我应该向英雄李平乐学习

邢老师今天在班上读了英雄李平乐的事迹,我深受感动。李平乐是一个平凡的人,但是他在歹徒抢劫乘客、危害人民生命财产安全时,奋不顾身,挺身而出,与歹徒搏斗,最后身负重伤。李平乐这个平凡的人做出了不平凡的事情,是"见义勇为"的英雄,是我们大家应该学习的榜样。如果全社会的人都能有他这样的正气和勇敢,坏人坏事就不会发生。

和李平乐对比,我很惭愧,因为我以前见到有人做坏事时却没有制止,也没有劝说。比如我们班的倪志伟,一向喜欢占小便宜。有一次他在校门口的摊子上买画片，趁摆摊的老奶奶不注意，用书包作掩护，偷拿了老奶奶两张画片而没有付钱。当时我就在旁边，亲眼看见了他的可耻行为。我本来想报告老师，后来又想：碍我什么事呀？如果我揭发了他，他以后不是要恨我吗？我就忍住没说。

今后我一定要向英雄李平乐学习，坚决跟坏人坏事作斗争。

金铃的日记邢老师第二天就看到了。邢老师把金铃叫到办公室问："真有这么回事？"

金铃说："当然是真的。可是倪志伟自己一定不会承认。"

邢老师说："我有办法问他。"

邢老师接着叫倪志伟到办公室，满脸严肃地说："刚才派出所打电话来，查问我们班一个姓倪的同学，说是他拿了摊贩老太太的东西没付钱。那不会是你吧？"

倪志伟平时神气活现，真碰到事情马上就腿软了，马上煞白着脸儿招认："是我。我拿过老太太的画片。不过只有一次，真的……"

邢老师冷冷地望着他："知道这是什么行为吗？"

倪志伟垂着头，用几乎听不见的声音说："知道，这是偷。"

邢老师用劲一拍桌子："可了不得！我们班出了小偷了！

而且还是堂堂的班干部！你让我这个做老师的脸都丢尽了！"

邢老师自己是个清高的人，特别不能容忍学生中小偷小摸的行为，马上就在班里展开了对倪志伟品行的调查。结果真是不查不知道，一查吓一跳，倪志伟平常所干的坏事全被同学揭发出来了。比如他帮助同学要收费，解答一道题目收五角钱，写一页毛笔字收一块钱；挑动于胖儿和李林打架，然后他做"和事佬"，要李林把弹子球分一半给他；偷看过一次女生上厕所；把捡到的书包连同里面的书本一齐扔进水塘里；老师在黑板上布置作业，他先抄完了，就故意装作擦黑板，把作业题擦去一半，让后抄的同学做不全作业……

邢老师很生气，倒不仅是为倪志伟，还为班里的同学太"世故"，明知道一个同学有这么多缺点，却没有一个人站出来揭发，还容忍他继续担任班上的干部。邢老师为此专门写了一篇文章到一家教育杂志投稿，意思是说现在的孩子思想太复杂，心里常常承受着比大人还多的重负，班主任是越来越难当了。

倪志伟的班干部当然被撤了。可是他老实了没有多长时间，又重新趾高气扬起来，因为他参加区里的"小学生奥林匹克数学竞赛"获了二等奖，数学张老师很喜欢他，同学中也有不少人遇到难题要请教他。倪志伟宣称："我不当班长，学习比以前更好！"

金铃倒不在乎倪志伟的"狂"，因为她从前不会、以后也不会跟倪志伟这样的人打交道。她鄙视他那副小人得志的样子。至于猪八戒的角色，金铃在元旦庆祝会上认认真真表演了，逗得全班同学哈哈大笑。正好那天市电视台的记者到学校里录制节目，顺便录下了这个胖乎乎、笑眯眯的"猪八戒"。当天晚上卉紫就从电视新闻里看到了，她笑得差点憋气，直喊金铃该学表演去。

倪志伟心里很妒忌金铃意外地获得一次上电视的机会。他那天不提名让金铃演猪八戒就好了，谁想到这个角色这么讨人喜欢呢？

十二　外婆家，奶奶家

　　外婆家和奶奶家和金铃家在同一个城市里，都是金铃喜欢去的地方。直截了当的原因有两个：去的那天可以一整天不碰书本作业，不跟妈妈谈及那些令人头疼的考试成绩问题，而且还可以无限制地吃自己喜欢吃的东西。

　　·　外婆的儿女们大都在外地工作，留在本城的只有卉紫一个，所以只要卉紫带着金亦鸣和金铃回娘家，外婆外公就视为生活中的一件大事，提前几天便上菜场买菜，在家慢慢地、精心地做准备。

外公烧菜的技术极好，他的保留项目"清炖狮子头"、"糖醋排骨"、"八宝鸭"、"笋干烧肉"，都是金铃百吃不厌的好菜。外婆会做各种各样带馅和不带馅的面饼，金铃同样吃得打嘴不肯放。

每次赵卉紫一进娘家门，首先申明："今天少做两个菜，金铃要减肥。"

外婆便接话说："是该减肥了。今天一定不多弄菜。"

可是一转眼的工夫，事先准备好的色香味俱全的大菜便端上了桌子。外婆一个劲地问金铃："今天的菜好吃吗？你喜欢吃吗？"

金铃吃得满嘴流油，心情非常愉悦地连连点头："好吃，好吃。"

外婆最受不得别人赞美，一听金铃说好吃，跟着就殷勤地往她碗中夹菜，恨不得让她把碗都吃下去。

卉紫抗议道："妈！"

外婆说："算了算了，小孩子减什么肥？难得吃这一次。"

卉紫怕外婆不高兴，自然不再开口，眼睁睁看着金铃两个"狮子头"下肚。

奶奶家的情况大同小异。不同之处在于奶奶家吃饭的人多，姑姑叔叔表弟表妹坐满了一桌，这种情况下卉紫更不便开口干涉，金铃吃多吃少只能装作看不见。

奶奶还有一手绝活：常常把一桌子菜肴中的精华部分预留起来，待金铃吃完回家时，变戏法一样从冰箱中拿出一个满满的饭盒交到金铃手中，让卉紫哭也不是笑也不是。饭盒中往往是两只最肥的鸡腿，一大块四四方方的叉烧肉，或是煎好的四指宽的带鱼、发过的海参和皮肚。

金铃是奶奶的心肝宝贝，奶奶疼她的唯一方式就是给她吃好东西。卉紫一家不去吃饭的日子里，奶奶会时不时拎个菜篮把烧好的熟菜送上门来。金铃长成个小胖子以后，卉紫和金铃奶奶为"谁喂肥了金铃"这个问题有过无数次争论。卉紫指责婆婆送来的肉食品太多。金铃奶奶就大叫："老天爷！孩子吃什么山珍海味了？还不是平常人家吃的东西？再说了，金铃从小是跟你过的，哪样东西不是经你的手到她嘴里？要怨还是怨你自己。"

卉紫无话可说，只能怨自己。

外婆当了一辈子教师，从前对卉紫姐弟几个，一直是拿教师对学生的标准要求过来的，如今有了孙子辈，仍然习惯性地要用教师的口吻。比如金铃看电视，外婆就不时提醒："身子坐正了！跟屏幕保持两米距离！"金铃吃饭，外婆又会要求她在饭桌上不能把两臂张得太开，不能翻拣菜碗里自己爱吃的东西，筷子不能伸到别人面前，以及离开饭桌时饭碗里不能留下未吃净的米粒。

这也不能，那也不能，金铃在外婆家就有点受拘束，对外婆的态度是敬而畏之。但是外婆有一个观点是金铃大加赞赏的，那就是对孩子的分数要求不高，每次考试能拿个八十来分就可以了。外婆常指责那些除学习之外万事不通的孩子，痛心疾首地说："高分低能！高分低能！"又劝说卉紫："别光看孩子考多少分，要看她是不是把问题弄懂了，如果她懂，只是做题目的时候不小心落下了什么，或者弄错了一点什么，就没必要对她横眉竖目的。你们姐弟几个读小学的时候，哪一个是班上的尖子了？现在不是个个都有出息吗？"

卉紫心里想，说她的弟弟妹妹们有出息是事实，说她就显得勉强了。她有什么出息呢？当个杂志的编辑，要事业没事业，要钱没多少钱，整天编编那些家长里短的小稿子，时不时还得涎着脸皮出去拉个把小广告，大学时代的雄心壮志已经烟消云灭，唯一的希望就在女儿金铃身上了。她希望金铃学习成绩出众，希望金铃考上外国语学校，希望金铃将来上一流大学、做一流人才，不就是为了在金铃身上延续自己没有做成的梦吗？这番心思，外婆是不可能体会的。

外婆有个很大的遗憾，那就是她不会骑自行车。外婆退休以后喜欢逛街，喜欢游玩，喜欢到老朋友老同事家里串门，不会骑车就给她的行动带来限制。外婆外公的退休工资虽然不算少，但是如果每次出行都要"打的"的话，那就显得过于奢侈，经济上显然不能承受。有一次，金铃的舅舅从深圳回来探亲，突发奇想上街替外公外婆买回一辆双人骑的自行车。外公坐在前座上把稳车龙头，外婆坐在后座上扭着屁股使劲踩车，两位老人配合得得心应手。这以后，他们就骑着这辆车子买菜、逛街、上公园，走到哪儿都成了这座城市的一道奇异风景。

金铃实在羡慕外公外婆的悠闲生活，她不止一次对卉紫说："我要是一下子能变成 60 岁的老太太就好了，那样的话我也可以不用上学读书，天天骑在自行车上，爱上哪儿玩就上哪儿玩。"

卉紫说："那多遗憾！你从童年直接进入老年，当中错过了最有光彩的少年、青年和壮年，你在世上所走的这一趟有什么意义呢？"

金铃说："我不要意义，只要开心。我现在上学读书太不开心了，没完没了的考试，满耳朵的分数，我觉得活着还没有死了快活。"

卉紫听得心里发凉，一把抓紧了金铃，生怕她真的从这个世界上消失一样。卉紫脸色发白地说："不准你再说这样的傻话！你羡慕外婆外公的退休生活，可不知道他们更羡慕你的年轻。不信你问问他们去，拿他们的悠闲和你现在的辛苦交换，看他们会挑哪样！"

金铃嘟囔说："反正我不喜欢上学。"

和对外婆的敬畏比起来，金铃在奶奶面前就显得任性和放肆了。奶奶对金铃是典型的百依百顺，用一句"要上天拿梯子"的话来形容绝不过分。但是奶奶又特别在乎金铃的考试成绩，每到期中和期末考试的日子里，奶奶就要频频叮嘱卉紫："你要帮孩子好好复习噢！要对她抓紧点噢！"有时候上午刚考完一门功课，中午奶奶就把电话打过来了，小心翼翼问金铃："考了多少分？"金铃心情不很好地回一句："不知道！"奶奶不生气，到晚上忍不住又打个电话，还是那句话："考了多少分？"

金铃哭笑不得地对妈妈说："奶奶怎么就知道问考了多少分？她比我们邢老师还关心分数！"

卉紫说："还不是因为奶奶巴望你好吗？"

奶奶查问分数的结果总是失望，因为金铃离她心目中的好成绩总有一段不算短的距离。奶奶咂着嘴，万分痛惜地絮叨着："怎么就考这点点分数的呢？怎么就考这点点分数的呢？不是挺聪明的一个孩子吗？"

奶奶回去之后会因为金铃的分数而辗转反侧不能成眠，而后就苦思冥想该怎么帮帮金铃，而后就天不亮起身，到菜场上买了鱼，买了虾，买了猪肝黄鳝什么的，呼哧呼哧拎到儿子家里，要给金铃"补脑子"。

卉紫没好气地冲着婆婆说："还补脑子呢！我看她是脑子里面油太多了，就像鸡肚子里油太多了不下蛋一样。"

奶奶一点也不计较卉紫的态度，她理解卉紫心里的失望和气愤。她又心疼又无奈地叹着气说："慢慢来吧，再长大些，懂事些，恐怕能好一点。孩子是个聪明孩子。"

孩子是个聪明孩子，就是总也考不到 100 分，这是奶奶永远想不明白的问题。因此，她对金铃又是溺爱，又是埋怨，又是心疼，又是气恼。某种程度上来说，她坐在家中所操的心思比卉紫还多。

十三　意外事件

元旦一过，接下来的日子就变得狰狞可怕：大大小小的考试接踵而至了。

先是考各门副科：音乐、美术、体育、思想品德、社会、自然、劳技……最后才轮到三门主课：语文、数学、外语。这三门课像是一台演出的压轴节目一样，总是要到最后才出场，期望着有个震撼人心的结局，期望在孩子和家长的掌声中徐徐闭幕。

在主课考试尚未提上议事日程的时候，卉紫先要为金铃的副科考试操心。

初中升高中的考试中，体育成绩是要算分数的，这一点卉紫早就知道了。她还听人说明年小学升初中的考试，体育分数也要折算在内。这使卉紫又多了件心事，因为金铃的体育不行。

金铃的体育也不是一样都不行，有几样还是可以的，比如"仰卧起坐"，虽然起得吃力了些，但咬咬牙勉强能过关。再比如"投掷"，那就不仅仅是能过关，简直可以算得优秀了。俗话说"身大力不亏"，金铃长着一副人高马大的身材，多多少少总还是有点优势的。

关键在于"立定跳远"和"50米短跑"这两项上，金铃逢到"跑"和"跳"的项目就"死定了"。短跑要肌肉和速度，跳远要爆发力和弹力，这些金铃哪儿能有？既然没有，体育成绩又怎么能及格？

卉紫埋怨金铃说："你怎么连体育都要妈妈担心呢？十来岁的孩子，跑跑跳跳不正是又好玩又不费劲的事吗？"

金铃却理直气壮地回答卉紫："谁让你和爸爸没给我多一点体育细胞？"

一下子又成了卉紫的罪过，弄得她长吁短叹。

卉紫东奔西走地托了好多人打听，总算得到市教育局的确切答复：明年的小学升初中暂不加试体育。她大大地松了一口气，心想到什么山头说什么话，以后再考体育，那是以后的事。

期末体育考试那天早上，卉紫特地让金铃喝了牛奶，吃了鸡蛋，还添一个大肉包子。卉紫说："小升初虽然免了体育，考高中还是要考的呀，你得从现在起就努力，能多考一分也是好的。"

金铃倒还懂事，点头说："妈妈我知道。"

那天先考"立定跳远"，金铃最发憷的项目。体育老师是个年轻的、满脸长着青春疙瘩豆的小伙子，他一手拿皮尺，一手拿一根细细的小木棍，不停地把被孩子踩平的"达标线"重新划出来。轮到金铃的时候，他笑着用棍子敲敲金铃的脑袋说："努力！"

金铃心里也在说："努力！"这样想的时候，她已经迫不及待地猫下腰去，用劲往前一跳。

体育老师用棍子指指前面的线："瞧！还差这么长！"

金铃说："可是我已经用劲了。"

体育老师笑起来："小胖子，你姿势不对，没掌握要领。"

体育老师就走上前去，亲自给金铃做了一次示范。体育老师真棒，他跳出的距离几乎是金铃的两倍。

金铃憋住气又跳两次，第二次离那条线只差一点点了，可就是没踩线。

"怎么办呢？你已经跳满 3 次了。"体育老师又同情又无奈地看着金铃。

金铃也可怜巴巴地盯住老师，眼睛里满含乞求，神色有点像一只受伤以后落进猎人手里的兔子，令人不忍多看。

体育老师眨巴一下眼睛，大声说："啊，原来你今天穿的是白球鞋，你要是穿旅游鞋，鞋尖保证能触线了！好吧，算你及格吧。"

金铃一下子跳起来，右手高高地伸出食指和中指，对在远处用手势询问她的杨小丽做出一个表示胜利的"V"字。

接下来是"50 米跑"。每四个人编为一组。金铃这一组有尚海、李林和李小娟。金铃因为跳远过了关而信心大增，感觉自己跑步及格的把握比跳远要大些。

4 个人齐刷刷猫腰守候在起跑线上，互相做着鬼脸。尚海小声对金铃说："嘿，你只要跟紧了我就行。"

金铃心里想：我才不跟紧你呢！上学期短跑你还不是没及格？

正想的时候，哨子嘟的一声吹响了。

李小娟反应最快，哨声吹响的一瞬间已经蹿出去好几步。金铃因为身体笨重，起步难免费劲，一眨眼的工夫就落在尚海后面。好在后面还有个李林，他刚才根本就没对哨声作出反应，见别人都跑了才跟着跑出去。

金铃见自己一上来就落后，心里很急，拿出自己的"杀手锏"：闭着眼睛跑。一个人跑步速度很快的时候，眼前的物体晃动很厉害，总好像自己随时会被晃动的物体绊倒，心理就有了障碍，不敢再继续加速。这时候索性把眼睛一闭，什么都看不见了，埋头一个劲地往前冲，倒能够跑出好成绩来。这是金铃以往考短跑得出的经验。

金铃闭着眼睛，咬紧了嘴唇，脸上肌肉绷得铁紧，准备不要命地拼一家伙了。她只觉得耳边风声呼呼，迎面扑来的寒风打得脸颊生疼，鼻腔里吸进了寒冷的空气，气管和肺部都像被呛着了似的，又闷又痒，忍不住要张口咳嗽。她发狠地想：千万要忍住，千万要忍住！忍 3 秒钟就行，只要 3 秒钟！

就在这时候，脚下忽然被什么硬邦邦的东西一绊，脚脖子一拐，身体来不及刹住，重重地摔向前去。摔下去的刹那间她心里还掠过一个念头：完了完了，短跑不能达标了。

没等她感觉身体的疼痛，忽然又一个重重的东西从她身上翻过去，声音更响地落到她前面的地上，还跟着滚了几滚。金铃忙抬头看，原来是跑在后面的李林被她绊倒，同样摔一个"大马趴"。

体育老师小跑着过来，伸手拉起金铃，问她："摔伤了没有？"

金铃转转脖子,甩甩胳膊,除了胳膊肘有点疼痛之外,一切都好。

体育老师又去拉李林,刚一碰他的胳膊,他啊的一声叫起来。体育老师先以为他要赖,因为李林在班上一向是个令人头疼的"多动症"孩子。谁知再拉一下时,李林竟疼得冒出眼泪来。体育老师心知不好,蹲下身摸摸李林的胳膊,明白这孩子的小臂骨折了。

跑道上顿时围满了班里的同学,有说要去喊邢老师的,有张罗着要扶李林去卫生室的,有建议给李林家里打电话的,七嘴八舌乱哄哄一片。体育老师自己还是个大孩子,当老师后大概还没碰到过这样的麻烦事,一时间倒比学生更手足无措,不知道如何是好。

幸好邢老师闻讯后急匆匆地从办公室奔过来了。她看看李林的脸色,马上发布命令,让班里力气最大的两个男孩子帮她把李林扶到新华医院挂急诊,让于胖儿通知李林的家人去医院(于胖儿和李林是邻居),其余同学继续上体育课。

"没什么大不了的,都别慌。"她简捷地说了这句话,然后将李林的另一只好胳膊架在自己身上,招呼其他两个同学把李林的断臂托着点,一行人出了校门往医院去。

金铃呆呆地站在跑道上,一时还没有从刚才的惊慌中回过神来。

杨小丽走到她身边，碰碰她的胳膊说："你怎么啦？短跑还没达标呢。"

金铃看着她的眼睛，小声问："杨小丽，你说，这事会不会怪我？"

杨小丽撇撇嘴："你真是的，没事想事！跟你有什么关系？你跑步摔了跟头，李林反应太慢才绊到了你身上，能怪你吗？"

"可是如果我不摔跟头，李林就不会跌断胳膊。"

"如果不上体育课，不考这个该死的 50 米跑，你还不会摔跟头呢！"杨小丽说。

金铃觉得她说得很有道理，也就不再多想了，自觉站在最末一组的旁边，补考完这个项目。

中午回家吃饭，金铃把这件事告诉了妈妈。卉紫有点紧张，问金铃："老师有没有要你负责任？"金铃摇头。卉紫说："不管怎么样，总是和你有关系。我们得去看看人家。"

吃过饭，卉紫打发金铃去上学，自己骑车上街买了些奶粉水果什么的，沉甸甸地提着到医院。

医院小，打听起来很容易，卉紫一下子便知道李林住的是骨科病房。她推门进去的时候，邢老师还没走，李林的胳膊已经打上了石膏、用雪白的绷带吊在胸前。一个头发烫得像鸡窝的女人,忙着把几样住院用的东西往床头柜里放。

卉紫先跟邢老师打了招呼,又主动问那个女人:"你是李林的妈妈吧?"

李林妈妈猛地直了腰,目光灼灼地看住卉紫。

卉紫心里就有点慌。她一向怕那些目光灼灼的女人。卉紫说:"真是对不起……"

李林妈妈从鼻子里哼了一声:"说声对不起就行了?"

邢老师处理这种事很有经验,马上说了一句话:"金铃妈妈,其实这跟金铃没关系,谁也没有故意绊谁。你买这些东西来看李林,真是谢谢了。"

李林妈妈打断邢老师的话:"邢老师,说谢谢的是你,我可没这个意思。"

卉紫见话不投机,一时也不知道如何是好,就俯身去看李林,问他:"疼吗?"

李林用眼睛去看妈妈。他妈妈说:"搁在你们孩子身上,你说疼不疼?"又说,"这倒好,眼看就要期终考试了,李林这样子……"

邢老师赶快声明:"李林的功课你别担心,我会安排时间到医院给他补。数学张老师、英语王老师,我都会跟他们打招呼。"

卉紫也说:"叫金铃每天放学过来,把课堂笔记带给他看。"

李林妈妈说："再说吧。"

卉紫感觉自己留在这里不合适，就告辞出去。李林妈妈转过身去只当没听见。邢老师把卉紫送到病房门外，宽慰她说："别担心，尤其别对金铃说什么，以免影响她的复习情绪。这次的期终考试很重要的，基本上就是升学考试前的一次摸底。"

卉紫心里一惊，马上想到挺对不起李林的。

邢老师回头看看病房门，小声说："李林没关系，他是多动症患儿，开过弱智证明到学校的，反正也不指望他能考什么好学校。他妈妈的态度，你别计较。这事的确怪不到金铃头上。"

晚上金铃放学回来，一进门就问妈妈："你去看过李林了吗？"

卉紫说："看过了。医生说他问题不大，不会有什么后遗症。"

金铃拍拍胸脯："吓死我了。一下午我都在着急。"

卉紫马上也着急起来："你怎么能不专心听课呢？临考前要是为这事分心就糟了。你必须保证把心思放在学习上，别的不管发生什么，有爸爸妈妈担着。听到了吗？"

金铃回答："我尽量吧。"

不一会儿，金亦鸣下班回家。卉紫把他拉到卧室里，关紧了门，小声说："那孩子的事，恐怕一时还不会完。他妈妈看样子是个难缠的角色。"

金亦鸣说："那我们不如主动点，给他送笔营养费去。"

"给多少？"卉紫望着丈夫。

金亦鸣想了想："500 块钱够多了吧？人家孩子也怪难受的。说起来是跟金铃没关系，可毕竟是绊倒在金铃身上的呀。"

卉紫心里盘算了一下。500 块钱对他们家来说不是个小数目，几乎相当于她一个月的工资了。可是金亦鸣和金铃都是不肯让别人吃亏的人，不送这笔钱去，金铃心里总有一个疙瘩，影响了她的学习和考试也不好。俗话说"花钱消灾"，卉紫自己也害怕人家胡搅蛮缠，还是先送了钱拉倒。

卉紫弯腰用钥匙打开橱柜，准备先看看家里有没有这么多现钱。正在这时候外面的门铃响了，卉紫对金亦鸣说："你去看看是谁。"

金亦鸣出去开门。只片刻他就叫起来："卉紫你来一下！"

卉紫以为丈夫又是碰上了那些陌生的卖菜刀的人，赶快把橱柜锁好，这才急急地出了卧室。

她没想到来的是李林妈妈。

"李林怎么了？有什么不好吗？"她惊慌失措地问。

李林妈妈大大咧咧地进了门，一屁股在餐桌前坐下来，说:"李林没什么不好,不好的是我。"

金铃闻声也从房间里跑出来了。卉紫连忙推着她走,小声说:"做作业去,这里没你的事。"

李林妈妈抬高了声音:"怎么没她的事? 也让你女儿听听我的要求合理不合理。"

卉紫煞白了脸:"求求你了,有话跟我们说,别让孩子心里难受。"

李林妈妈笑了笑:"那也行,你拿 3000 块钱出来,我就不再上门。"

卉紫张大了嘴,一时间呆呆地愣在那里。

金亦鸣说:"要求太高了,凭什么要我们 3000 块? "

"高? 3000 块钱算高吗? "李林妈妈用右手掰着左手的指头开始算账,"李林这一住院,吃药打针加石膏绷带,没有 2000 块钱下不来,这是医生告诉我的。李林受了折磨,我得给孩子买好吃的,补补他的身子,算 500 块钱多不多? 他是个孩子,住院要大人陪着,我要到单位请假,要扣工资扣奖金,这又是 500 块吧? 别的那些小零碎,我也不跟你们算了,你们痛痛快快给个大头就成。"

听她这一算,好脾气的金亦鸣也气白了脸,用手指敲着桌子:"我说你这位同志,脑子不糊涂吧? 你孩子摔跟头不是金铃的错,这件事学校里已经做过结论了,你凭什么把这一大笔钱算到我们头上？"

李林妈妈跳起来："怎么不是金铃的错？没有金铃在前面绊了他，他好端端能摔断胳膊吗？"

"那么我问你，如果你孩子摔下来的同时压伤了金铃，我们也要你出金铃的医药费？"

"你当然可以要，我也一定会给。可现在金铃不是没压伤吗？伤着的是我们李林啊！"

"你你你……"金亦鸣手指着对方，气得嘴唇哆嗦。

卉紫半天都没说活，心里苦笑着想：这才叫"秀才遇到兵，有理说不清"呢。她站起来，把金亦鸣挡到身后，对李林妈妈说："这样吧，你要的数字太大，我们家里不做生意，不可能有这么多现金放着，就是我们想给，银行晚上也不开门哪。你今天还是回去，我和金铃爸爸商量好了，会把意见告诉邢老师，请邢老师转达给你。好不好？"

李林妈妈冷笑着说："没问题，我可以等。跑得了和尚跑不了庙嘛。"

李林妈妈走了之后，卉紫和金亦鸣半天都觉得回不过神来。

金铃蹭到卉紫身边，哭丧着脸说："都怪我跌了跟头。"

卉紫摸摸她的头："不，爸爸妈妈一点都没怪你，是那位阿姨太不讲理。"

"那我们怎么办？给她钱吗？"

卉紫摇头："那本来不是你的错，我们为什么要给？"

"可是我害怕。"金铃小声说。

金亦鸣情绪很激动地说："你怕什么？这世界上难道没有公理存在了吗？靠胡搅蛮缠就能诈骗人家钱财？简直岂有此理！ 3000 块钱我决不给她，官司打到天边也不能给她！就连500块钱营养费我也不给了！"

卉紫比较现实，觉得不给一点怕是不行，只不过到底给多少合适，这事得跟学校商量。

第二天卉紫到学校找邢老师，邢老师正忙着去打印一份复习题，手里还抱着一大摞刚收上来的作文本，腋下夹着语文书、备课笔记什么的，显得非常忙碌。见到卉紫，她马上说："怎么样？金铃的学习没受影响吧？"

卉紫苦笑笑，就把李林妈妈昨天晚上到家里来要钱的事告诉了她。

邢老师眉毛都立起来了，说："这怎么可以？她怎么能向你们要医药费？这不是异想天开吗？"

"金铃爸爸也是这么说，可碰上这样的事……"

邢老师说："你跟我来，我们找校长谈谈。"

邢老师抱着作文本、复习题、语文书和备课笔记带卉紫上楼。卉紫伸手要帮她拿一部分，邢老师连忙闪开，嘴里说:"不用不用,我习惯了。"

卉紫就想,邢老师已经很辛苦,家长还要拿学习之外的事情来烦她,说起来真是不应该的。

校长也忙,他面前摊着一大堆表格,都是有关本校这届毕业生情况的,要上报到区教育局备案。他两手撑着桌面听完邢老师所说的一切,神色显然很诧异,说:"我们学校有这样的家长?昨天体育课的事不是做过结论了吗?那是个意外事故,要怪也只能怪体育老师没看护好孩子。学校已经研究过了,李林的医药费由学校报销一半,邢老师你没有告诉李林家长吗?"

邢老师回答说已经告诉了。

"那就没有道理再向人家要钱!"校长斩钉截铁地说,"你们完全可以不用理睬。"

下楼的时候,邢老师对卉紫说:"就这样吧,我不送了。李林妈妈再去纠缠,你让她到学校找校长说话。"

卉紫答应着,心里很感激。她想,无论如何要把金铃的学习成绩提上去,才能对得起这么好的老师。

这天晚饭时,卉紫正和金亦鸣说去见校长的情况,电话铃响了。卉紫说:"我去接。"起身走过去拿起电话。

电话里是个很陌生的男人的声音,那人凶声凶气地说:"钱准备好没有?三天之内再不拿出来,你小心着点!"

144

卉紫紧张地问:"你是谁?"

对方说:"我是阎王爷!我不怕你不拿钱,你逃不出我的手心!"

卉紫放下电话,脸色煞白。金亦鸣问是什么人打来的、讲些什么,她一句话也不回答。

谁知道威胁跟着就转移到了金铃身上。这天金铃放学正往家走,拐角处蹿出一个戴墨镜的人,一把抓住她的胳膊,问她:"你叫金铃?是李林的同学?"

金铃一下子想起妈妈说过的关于"人贩子"的事,吓得张嘴就要尖叫。那人仿佛早有提防,在她张嘴的一刹那狠捏一下她的胳膊:"叫一声,我捏死你!"金铃连忙把叫声又咽回到肚子里去。

那人说:"叫你妈妈送3000块钱到新华医院去,听见了吗?"

金铃怯怯地说:"听见了。"话才出口,她闪电般低下头,在那人手臂上狠咬一口。那人下意识地"哎哟"一声,松开金铃的胳膊。金铃趁这机会拔腿就跑。这回她是真正跑出了"50米跑"的水平,书包在背后哗啦哗啦跳得像炒豆子。路上有一辆小孩子骑的自行车躺倒着,她倏地抬腿就跳过去了。如果体育老师赶来用皮尺量一量,肯定超过达标分数线。

金亦鸣不在家。卉紫听金铃把路上的事情一说，赶快扑过去把大门从里面锁住，还把防盗链挂上，然后走到阳台，想看看那人长什么模样。哪里还能看见什么人呢？只有那辆儿童自行车还在路上孤零零地躺着。

金铃建议说："妈妈，我们去报警吧。"

卉紫想了想："不行，那家人看来都流氓兮兮的，他们以后会想办法伤害你。"

金铃不服气："那我们就不跟坏人坏事作斗争了吗？"

卉紫说："跟你说了也不懂，这是民间纠纷，法律管不着。"

金亦鸣迟迟不见回来，卉紫越想越觉得害怕，打电话把金铃奶奶找来陪伴她们。

奶奶更是个胆小的人，听说这事后连声喊："给他们钱！给他们钱！你们要是拿不出，这钱我来给！我不能让他们再吓唬我孙女儿！"

卉紫说："真要给钱，哪里让你给？我们只是觉得冤枉。"

奶奶叹着气说："这世上的冤枉事多了，哪能让件件都说得清是非？碰到了就只能认倒霉。譬如我生场大病，你们用在我身上了吧。"

这时候有人敲门。卉紫不敢去开，凑一只眼睛在门眼里看了半天，还大声问："是金亦鸣吗？"对方应了声，她这才拿钥匙开锁，又卸下防盗链，忙乎了半天，把金亦鸣放进家来。

金亦鸣四下看看,说:"怎么了?如临大敌?"不等卉紫答话,又说,"知道吗?那家人的威胁电话打到我系里去了,简直是骚扰,骚扰!"

卉紫一屁股坐下来,自言自语道:"看起来不给是不行了。"

决定了给钱,凑齐这笔钱也不容易。一个普通人家,哪里是说拿3000块就能拿3000块的呢?还好,金亦鸣的课题组刚刚发了一笔课题费,有800块钱。卉紫拿出这个月余下的工资,也有三四百块。剩下的,卉紫准备把国库券卖掉一部分,虽然中途卖出很不合算,也只好这样了。

金铃到学校跟好朋友杨小丽说了家里筹钱的情况,杨小丽说要在班里发动捐款,为金铃家筹钱。金铃听了心里一动,觉得这倒是个好主意,起码能让妈妈少卖点国库券。转念一想又不对:为"希望工程"筹钱才能募捐,要不就是救助孤儿、帮助病危的同学,哪有她这样家庭的人接受捐款的?杨小丽劝她:"别傻了,本来就不该让你们家出钱嘛!"金铃却是摇头,死活不肯。

金铃有一块很漂亮的卡通手表,是她过10岁生日时外婆从深圳买回来送她的,大大的、五颜六色的表盘,里面还有一颗可以转来转去的流星似的小红珠珠。张灵灵特别喜欢她这块表,多次提出拿东西跟她交换,她都拒绝了。这回金铃很想帮妈妈一把，就找到张灵灵，问她愿不愿意用钱买下。

张灵灵却拿了架子，漫不经心地说："你这表都戴旧了。"

金铃说："我可以便宜些。"

张灵灵一口咬定只出20块钱。金铃犹豫了半天，还是把表给了她。

回家把钱交给妈妈，卉紫睁大眼睛叫起来："那表是外婆花200块钱买的呀！"

金铃一字一句说："我只是想要帮你。我没有别的东西好卖。"

卉紫心里又心疼又感动，她觉得女儿在很多方面真是很懂事的。

钱终于送出去了，一切也都平静下来。其实李林在医院里并没有住几天，很快就回到家，吊着胳膊在大街小巷里东游西荡。他对于胖儿说，这一个跟头摔得真棒，让他免去了该死的期终考试，太快活了。

金铃的期终考试到底没有考好，因为她心里总想到家里为她花了一大笔钱的事。一想起来心里就难过，一难过就听不进课，自然也无法集中心思做习题。三门主课中，除外语之外，另两门都没考过90分。

奶奶在考试期间依然是频频打电话来问金铃的分数。

得知成绩又不理想时，奶奶撂下电话就赶到金铃家，嘱咐卉紫说："你千万别骂她，孩子这回是受了磨难。"

外婆也打电话来说："八十多分可以了。孩子就是孩子，要能一题不错，她那脑子不就成了机器脑子？"

卉紫就没有责备金铃什么。其实这回她本来就没有打算责备金铃。那一件事把整个家里都闹得人心惶惶，你能指望孩子跳到局面之外若无其事准备功课吗？如果真是这样，那孩子一定跟"机器人"相差无几，不是金铃这样心地善良、懂得为父母和家庭分忧的孩子了。

十四　猫和鼠,你喜欢哪个

　　每年冬天,金铃的外公外婆都要去深圳舅舅家住一段时间。今年本来说好了金铃全家也一起去玩玩的,可是金铃考试没考好,又被李林家敲竹杠敲去 3000 块钱,卉紫的情绪就非常不好,宣布取消出去游玩的计划。

　　外婆不死心,跟外公两个人骑着双人自行车赶到金铃家里来,要做卉紫的说服动员工作,想把金铃单独带出去见见世面。外婆说:"治国之道还有个一张一弛呢,孩子苦学了一个学期,过年玩一玩也是应该的。"

卉紫叫起来:"妈!你真是退休时间长了,根本不知道现在社会上的竞争有多残酷!金铃寒假出去玩,可人家的孩子不出去,人家孩子就比金铃多学了东西。你想想,金铃本来学习不如人家……"

外婆不高兴地打断卉紫的话:"谁说我外孙女儿不如人家?学习,学习!一个个学得跟呆木头似的,三鞭子都打不出一个屁来!我就不喜欢那样的孩子。"

卉紫说:"你不喜欢没关系,人家中学喜欢!大学喜欢!金铃可是明年就要考学校的人。"

外婆不理卉紫,把金铃拉到房间里,关上门,悄悄问她:"跟外婆说老实话,想不想出去玩?"

金铃低头剥着指甲,一声不响。被外婆问得急了,她才慢悠悠答了一句:"想是想,可我考得不好,心里难过,出去也不会快活。"

外婆抬手摸摸金铃的脸蛋,叹口气,掏出皮夹子,抽了 200 块钱放在金铃手上:"拿着吧,外婆给你的压岁钱,买点你喜欢的东西。"

外婆走后,金铃很自觉地把 200 块钱交给了妈妈。卉紫转身拿着这钱上街,给金铃抱回家一大堆复习材料:数学分类过关测试卷啦,全国百所名牌小学最新语文数学测试卷啦,小学三星级题库啦,英语初级辅导教程啦,五花八门。

金铃很冷静地翻着这些习题材料。她已经见怪不惊了。她心里想:没有这些材料,妈妈也不会让她闲着;材料再多,她一天能做的也很有限,所以她没必要把自己的想法表露出来。

　　学校里的寒假作业共发了三大本:语文、数学、英语各一,加上 10 篇寒假日记、每天一页毛笔字,如今再加上妈妈买来的这些习题册,金铃完完全全被淹没在题海中。每天一早起来,喝过牛奶,吃一个包子或是烧卖,金铃便开始做作业。对错先不管它,进度不慢就行,因为妈妈实在没空一题题检查,而是挨个将本子看一眼,数一数当天新做的页数,然后鼻子里唔的一声,再允许金铃看半小时动画节目。

　　妈妈对金铃说:"你可不要有什么对抗情绪,我已经注意不让你的学业负担过重了。你看楼上的文峰,人家跟你差不多大,每天除了功课之外还要学钢琴,还要上美术训练班,人家的学习怎么就那么好? 一点儿不要他爸爸妈妈操心。"又说,"要是能让做母亲的有选择孩子的权利,我宁可选文峰那样的好孩子。"

　　金铃低头坐在书桌前。泪水其实已经涌出她的眼眶了,可是妈妈没有察觉,仍然在絮絮叨叨数落人家孩子聪明,好像已经忘了金铃这回考得不好是另有原因的。

　　过一会儿，妈妈的数落声忽然没有了。金铃很奇怪，耳朵里一下子清静得不习惯，就起身走到厨房门口，探头往里看。原来妈妈正俯身在煤气灶上，盯着什么东西看。看见金铃伸进一个脑袋，妈妈赶紧叫她："金铃你快来，看看这到底是什么？"

　　金铃好奇地走过去，发现煤气灶上躺着一粒长长的圆圆的像黑米粒的东西。金铃凑近去闻闻，又用手指碰了碰，叫起来："这是一颗老鼠屎呀！"

　　卉紫两手一拍："天哪，果然是！老鼠屎怎么会跑到灶台上来了呢？莫非我们家里有了老鼠？"

　　卉紫一下子很慌张，如临大敌似的，把厨房里瓶瓶罐罐都移开，到处搜寻老鼠留下的痕迹。她果然又找到了被咬破的一袋米粉和被啃出牙印的一只土豆。

　　卉紫跑回书房，报告金亦鸣说："不得了，不得了！我们家里要闹鼠患了！"

　　卉紫和金亦鸣紧急行动起来，在角角落落里寻找老鼠洞。卉紫奇怪的是家里四壁都是水泥，老鼠如何能练出一手在水泥墙中打洞的本领？

　　寻找的结果是一无所获。金亦鸣把睡觉的大床都掀开来了，也没见半个老鼠洞。当天晚上，卉紫把家里所有能吃的东西都放进了冰箱，意思是让老鼠打消到他们家里寻觅食物的念头。

第二天卉紫第一个起床,房门一开就尖声大叫:"啊呀!不好了!"

金亦鸣和金铃跟着冲出去,两个人都傻了眼:堆放在外屋饭桌上的金铃的复习材料被老鼠一夜之间咬了个七零八落,破碎的纸片撒了一地,像凭空下了一场室内大雪。卉紫瞪着一双失神的眼睛,万分惊恐地自语道:"它这是报复!它这是报复!"

金亦鸣拔腿就往他书房里跑,看一眼之后又退出来,笑嘻嘻地说:"还好还好,没咬坏我的东西。它还是很有分寸的。"

卉紫叫道:"可它把金铃的复习材料都毁了!复习材料不比你的论文重要吗?"

金亦鸣一摊手:"你怎么这么比?这怎么能比?"

卉紫说:"为什么不能比?你反正是副教授了,多学点少学点也就是这个样。金铃不同,她明年要考中学的!复习材料都咬得七零八落,她还学什么学呀?"

金铃不声不响地站在一旁,看着妈妈为她的复习材料心疼不已的样子,心里忽然产生一丝庆幸:她可以少做点该死的复习题了!老鼠真好,知道她最恨什么,所以才赶来帮忙,帮她解脱困境。说不定它就是动画片里的"舒克"或者"贝塔"，专门跟孩子做好朋友的。

整整半天时间金铃都很轻松，因为没有任何复习题可做。她先玩了一会儿橡皮泥，用红颜色捏了一个泥娃娃，又用绿颜色捏了一只小老鼠。小老鼠趴在小娃娃的肩上，瞪着一双乌溜溜的黑眼睛，翘着细细的短胡须，顽皮地歪头看人。金铃把娃娃和老鼠放在自己书桌上，然后又看电视。很幸运，电视里正在放成龙的打斗片。成龙是金铃最崇拜的影星，他的一招一式都那么逗人，金铃不时发出哈哈的笑声。后来另一个频道又开始放周星驰的滑稽片，金铃就更加来劲。她简直不知道一个上午怎么就过去得那么快，她甚至还没有来得及把遥控器转到第三个频道！

门响了，金铃猜到是妈妈回来，赶快把电视机关了，站起身来。卉紫把大包小包往桌上一放，朝金铃瞥一眼，说："别装了，我知道你是在看电视。复习材料没了，你怎么就一点不急呢？"

金铃嘟囔道："我又不是气功大师，不会把碎纸片复原。"

卉紫把包里的东西往桌上一倒，原来又是一堆习题册。金铃目瞪口呆地看着，一句话也说不出来。她感觉她现在对做题目已经很麻木了，根本不在乎题目总共有多少了，反正是做呗，不停地做，做死算数！

另外一个包里倒出来的东西，是一只老鼠夹子、一包纸面上画了骷髅头的老鼠药。金铃刚想伸手去摸，卉紫大喝一声："不能动！"吓得金铃赶快又把手缩了回去。

最后，卉紫变戏法似的从第三只包里拖出一只鞋盒，里面赫然一只毛茸茸的白猫！金铃惊叫道："是只死猫！"卉紫瞪她一眼说："什么死猫？是我喂它吃了半粒安定片。"金铃又惊又喜："妈妈你答应让我养猫了？"卉紫说："你学习都顾不过来，还有时间侍候猫？这是我们同事家养的，我借回来赶老鼠的。说好了三天就还回去。"

金铃心里一下子灰灰的。她试探着问妈妈："你真的要消灭那只老鼠吗？"

卉紫很奇怪地望着她："难道我们要把老鼠当猫来养着？"

金铃不答话，用手指一下一下戳着鞋盒子里酣睡不醒的猫，觉得这猫的皮色一点儿也不白，脸也很脏，眼角还糊着眼屎，耷拉着的耳朵令人恶心。

午饭过后，猫睡醒了。猫一醒来，立刻意识到这不是自己原来的家，开始奋力反抗。先是发出凄厉无比的惨叫，然后把全身的毛倒竖起来，准确地找到大门的位置，扑在门上又抓又挠，指甲磨得嘎吱嘎吱响，听得人牙齿发酸。再然后它绝望地跳上窗台，拱翻了一只花盆，又蹿到金铃的书桌上，把她的一瓶蓝墨水打翻了。幸好墨水瓶里只剩一点粘稠的渣渣，未曾造成大乱。

卉紫满房间地追猫，试图抓住它以后用绳子拴起它来。无奈猫的身手实在敏捷，上蹿下跳总能从卉紫手间逃脱。加上它瞪圆眼睛、竖直尾巴、摆出一副恶狠狠不顾一切的劲儿，卉紫有好几次伸出手又被它吓回去了。卉紫大声叫着："金铃金铃！你怎么站着看热闹？"

金铃说："我觉得这猫没用。它见了人都会吓出屎来，见了老鼠还不要吓昏过去？"

卉紫回过头看她："你怎么了？你以前不是最喜欢猫的吗？"

金铃反驳道："谁说我最喜欢猫？我为什么不能最喜欢老鼠？"

卉紫嘀咕一声："莫名其妙。"

过了一会儿，金铃终于还是不忍心看妈妈气喘吁吁追猫的样子，慢吞吞上前帮忙。两个人围追堵截，一个按猫头，一个按猫屁股，把猫制服在沙发上。卉紫手忙脚乱地用绳子将它的脖子套住，拴在厨房里。

卉紫大口喘气，用胜利者的口吻说："有这只猫守在家里，吓也把老鼠吓走了。"

金铃像是故意跟妈妈作对，马上提出一个问题："老鼠吓走了，你买老鼠夹子和老鼠药干什么呢？"

卉紫一拍脑袋："真是的！我怎么没想到这个道理？"

卉紫权衡许久，决定还是让猫在家里住两天再说。如今的老鼠都太狡猾，它们都懂得如何妥善地保护自己，夹子和药未必能让它们上当，还是家有白猫比较保险。

猫被拴了脖子，在厨房里叫得越发凄厉，金铃心里被它搅和得七上八下，一道四则混合计算题前后算了 5 遍，算出 5 个不同的答案，简直就是一塌糊涂。金铃冲到厨房里，对猫大喝一声："你能不能闭嘴？"猫真的就闭了嘴，瞪圆了一对绿莹莹的眼睛，充满仇恨地盯住金铃。金铃对它威吓地一跺脚，猫又赶紧趴下身子，喉咙里发出低低的呜咽声，像哭又像笑，弄得金铃后脖颈发凉，拔腿逃回房间。

金铃一走，猫又开始高一声低一声地叫起来了，也不知道它累不累，要不要像邢老师那样泡"胖大海"的水喝。

傍晚金亦鸣回来，一进门就吸着鼻子，说他闻到一股酸酸的臭豆腐味。金铃冲出来揭发说："是猫随地大小便！"金亦鸣听说家里有猫，先是一愣，经卉紫的解释，又高兴起来，因为他今天一整天都在惦记他书房里的书和资料笔记，生怕老鼠换了口味又要拿他的宝贝当发泄对象。真要是书房里遭了鼠灾，那就惨了，他会连下学期的课都开不起来。

金铃冷眼看着爸爸妈妈为一只猫忙得团团直转，一个煮猫鱼替它拌饭，另一个从楼下弄来煤灰替它打扫大小便，心里就涩涩地不是滋味。她转身回自己房去，在一张纸上写下几个乒乓球大的字：智力测验——猫和老鼠，你喜欢哪个？

卉紫忙妥之后到水池边洗手，一弯腰就看到了贴在洗衣机上的这张纸条。卉紫惊讶地说："这难道也能成为问题？猫和老鼠，能喜欢哪个呢？当然是猫。"

金铃酸酸地说："知道你会这么说。"

卉紫偏过脸说："总不会有人喜欢老鼠吧？"

金铃咬一咬嘴唇，轻声说："我喜欢。"

"为什么？"卉紫扬起眉毛。

"猫这家伙又懒又馋，除了会抓老鼠之外，别的还会干什么？可是它凭什么要欺负老鼠呢？它们在大自然中应该是平等的，每一个生命，无论它多么弱小，总有生存的权利，猫并不比老鼠高贵，老鼠也不应该比猫卑贱。人们喜欢猫，只不过因为猫比老鼠听话，猫的模样又比老鼠漂亮。"

卉紫好笑地说："老鼠会偷人类的粮食吃。"

金铃语气激烈地反驳："老鼠会比猫吃得多吗？它那么小，它需要的食物非常少，有猫的十分之一就够了。人类为什么不能允许它生存呢？除了养猫来咬它，还要用夹子夹它，用毒药来毒死它，用火烧，用水淹，用石头打……老鼠太可怜了，没有人喜欢的动物活得太委屈了！"

卉紫伸手去摸金铃的额头："你没有发烧吧？你说什么胡话呢？"

金铃猛地甩开卉紫的手，满脸是泪地大声道："因为我就是可怜的老鼠，楼上的文峰，我们班的好学生胡梅、刘娅如、倪志伟……他们就是讨人喜欢的猫！"

卉紫一下子愣在那里。关于猫和老鼠的联想出自一个11岁孩子的口中，带着那种铭心刻骨的哀伤幽怨，构成了对成年人的震撼！卉紫这才知道女儿的心里是有很多很多委屈的，多年来不被看重、不被称赞的平淡无奇的生活，其实是深深刺伤了孩子的心灵。她也许是真的努力过，却因为年龄、性格、能力等原因而无法比别人做得更好。她常常用快乐把自己掩盖起来，而实际上她心里很在乎别人的看法和态度，盼望得到父母的宠爱和赞美。

卉紫蹲下来，搂住女儿的腰，仰脸望着她："你说得对，老鼠也很可爱，它的眼睛多么善良，它的小圆耳朵多么俏皮！还有它的皮毛，那种漂亮的灰色，摸在手上的感觉一定很好。"

金铃呜咽着说："如果真的让你选择一个孩子，你会要文峰还是要我？"

卉紫大声说："当然要你！世上学习好的孩子有千千万万，可世上只有一个金铃是我的女儿，最亲爱最宝贝的女儿！"

金铃把糊满了眼泪的冰凉的脸蛋紧贴在卉紫脸上，两手紧紧抱住她的脑袋，许久都不肯放开。

拴在厨房里的猫，第二天又被卉紫灌进半粒安定片，不明不白地回了自己熟悉的家。卉紫买回去的老鼠夹子和老鼠药，自然也没有使用。奇怪的是老鼠却不再光顾金铃的家了，就好像它那天晚上躲在黑暗处听懂了金铃的话，不想让同情和怜爱它的女孩子为难似的。

十五　爸爸的大鱼

　　寒假就这么一天天在书山题海中无聊地过去。偶尔金铃下楼替妈妈打酱油买味精，碰到巷子里的同学，才知道大家的日子都是如此，谁也不比谁过得快乐。

　　金亦鸣出差去了。苏北的一家乡镇企业在生产配料的什么问题上碰到了困难，专程到学校里来请专家金亦鸣去帮忙解决。卉紫为此有些意见，说快过年了也不肯在家里呆着，答应了在寒假中帮金铃全面补习数学，这下倒好，整个寒假不是课题组开会就是研究生谈论文，现在又出差去苏北，金铃的数学书一共没有翻过两页。

金铃倒是挺高兴。六年级的课本对文科毕业的卉紫来说已经有些困难，计算题借助计算器还能算得明白，应用题就相当吃力，如果是打了"*"的附加题或是思考题，卉紫简直如看天书，思维压根儿没有金铃来得快捷。所以爸爸一走，没有人批改作业的对错，金铃总算能稍稍松一口气。

杂志社是不放寒假的，卉紫的工作要到年三十那天才能结束，虽然这之前上班也就是象征性地点个卯。正因为如此，金铃独自在家时也不敢偷看电视，提防着妈妈会突然提前下班回家。妈妈的侦探手段非常厉害，那就是回家后常常去摸电视机的后壳，如果后壳是热的，说明金铃看了电视，只不过在她进门的一瞬间里把电视机关了而已。金铃挺埋怨那些设计电视机的人，觉得他们一个个都太笨，简直一点不为中国的广大儿童们着想，在电视机里做些小小的技术改造，比如添加个微型电扇之类，不就使很多孩子可以高枕无忧地偷看电视节目了吗？

当然，开心的日子还是有的，并且它总会在金铃毫无心理准备的情况下出现。

有一天下午，妈妈已经下班回来了，正在忙着收拾单位里刚发的年货，把它们分门别类，有的晾挂在阳台上，有的暂存冰箱，有的当即刷洗下锅。每年过年之前家里的冰箱总是爆满，接近超负荷运转，使妈妈下决心要换一台大容量的最新产品。可是春节一过冰箱就开始"泻肚"，很快将所有的储存倾吐一空，而后颇为空落地等待来年。这时候妈妈的决心跟着烟消云散，再不提什么换冰箱的旧话。

那天下午单位里分的是冰冻带鱼。在所有的鱼类食品中金铃最不喜欢的就是这种银闪闪细条条的东西，尤其是冰冻过的，尤其是过年时单位里分发的。因为它们毫无例外地已经很不新鲜，当妈妈将鱼块洗涤干净投进油锅后，满房间就会弥漫出那种臭烘烘的海鱼味。好笑的是这时候如果下楼在巷子走一圈，你会闻到家家户户厨房里飘出来的都是这种刺鼻的味道。

妈妈戴着围裙，提着一双湿淋淋的、沾满了银色油污的手，大声喊金铃："快来帮我倒点热水！"

金铃放下自动铅笔奔进厨房，捏着鼻子去提热水瓶。卉紫说："算了，别做出这副林黛玉的娇样儿了，待会儿鱼煎熟了，拿佐料一烹，你比谁都吃得来劲。"

金铃就有些不好意思，把捂着鼻子的手放下来。

金铃打开热水瓶盖，往洗鱼的盆子里倒水。卉紫大叫一声："别浇在鱼身上！"可是已经晚了，滚沸的热水已经将一部分冻鱼烫得皮开肉绽。

妈妈唠叨说："真是一点事情都不会做。从前我像你这么大的时候……"

接下去妈妈就该讲她小时候会做什么什么事情，心有多灵，手有多巧。金铃不要听。问题不在金铃心不灵手不巧，在于她没有机会去尝试做那些女孩子喜欢做的事。金铃每次主动提出要帮妈妈分担家务时，妈妈回答她的都是一句话："这些事你别管，你的任务是学习，把成绩搞上去就行。"金铃只好快快地回到书桌旁。

此刻，妈妈的话刚刚开头，门铃响了。真是救命的铃声！金铃飞奔着去开门。妈妈急忙在后面喊："先看看是谁！别放生人进来！"

门一开，金铃傻眼了：门外站着的既不是熟人也不是生人，而是一条银光闪闪、比她人还要略高的大鱼！那鱼的身子比爸爸的大腿还粗，头像个斗大的馒头，尾巴成扇形拖挂在地上，满身的鳞片每一片都有茶杯口那样大，两只如婴儿拳头般的眼睛金黄色，眼皮外有一圈微红，晶亮的眼珠充满热望地盯住金铃，一副深思熟虑的智者的模样。

妈妈在厨房里问："是谁呀？谁来了？"

金铃张了张嘴，她不知道回答什么才好，总不能说一声："是大鱼来了。"

妈妈等不到金铃的答话，甩着湿淋淋的手从厨房里出来了。据说过年前的这段时间社会上流窜犯很多，入室打劫的案件频频发生，此时家里只有她跟金铃，一切不能不多加小心。

妈妈一看堵在门口的大鱼，跟着也傻了眼。她扭过头，结结巴巴地问金铃："这个……这个……今天是几号？"

她其实想问的是：今天是不是"愚人节"？怎么会有人开这种玩笑？

这时候大鱼身后发出瓮声瓮气的声音："请问这是不是金老师的家？"

卉紫慌忙回答："是是。"

那声音说："哎哟，可算是没找错。"

接着鱼身往旁边一闪，露出后面两个满身冒着汗气的小伙子。他们热得棉袄都敞开了，额前的头发湿漉漉地粘成一团。那条比金铃还高的大鱼，原来就是他们用一根胳膊粗的木棍抬在肩上的。大概是累惨了的缘故，此刻不等卉紫发话，两个人就迫不及待地抬着大鱼往门里走，径直冲进厨房，看看狭小的空间无法将肩上的庞然大物安置下来，又转身奔向一旁的卫生间，当机立断地卸了担子，把那鱼放进浴缸中。浴缸也还不够大，鱼只能勉为其难地屈身其中，头和尾巴都翘在半空里。

卉紫惊慌失措地先跟着他们进了厨房，而后又跟他们进卫生间，继续用结结巴巴的声音问道："这个……这个……

送鱼人刚出门，金铃在房
间用劲蹦起来，大声欢呼道:"爸
爸万岁! 这么大的鱼啊! 是一条
了不起的鱼王啊!"

你们……我们……"

　　一个穿紫红毛衣的小伙子把额前汗湿的头发捋一捋，笑嘻嘻地说："这鱼是送给金老师过年吃的。"

　　卉紫仍然疑惑不解："可我不认识你们……"

　　紫红毛衣的小伙子答："没关系，金老师认识，你跟他一说就知道了。"

　　卉紫还不放心："怎么可以呢？这么大的鱼，买它得好几百块钱……"

　　小伙子笑起来："乡下人，买什么？乡里水库打的。金老师去年带研究生到我们乡里实习，帮我们乡办企业解决了大难题，送条鱼给他吃吃还不该？"

　　卉紫听这一说，才算彻底地放了心，慌忙在围裙上擦干净手，张罗着泡茶，又叫金铃去拿为过年准备的瓜子糖果。两个小伙子却死活不肯坐，说有车在楼下等着，当天还得赶回乡里去呢，扛上抬鱼的粗木棍就走了。

　　送鱼人刚出门，金铃在房间用劲蹦起来，大声欢呼道："爸爸万岁！这么大的鱼啊！是一条了不起的鱼王啊！"她跑到卫生间里，用手拍打着结实的鱼身子，又伸出一根手指轻触鱼的眼睛，还试着把整个拳头塞进鱼嘴里，兴奋得什么似的。她想这一定是全城里独一无二的大鱼，班上无论是张灵灵家还是于胖儿家，绝对不会有人送给他们这么大的鱼。等开学的时候她要把这事告诉全班同学，她终于也有了一件值得炫耀的事情了。

卉紫看着金铃的高兴样，不失时机地教育她说："这下看到了吧？知识和文化还是有用的，当官的家里有人送礼，爸爸凭学问一样能受人尊敬，世界上……"

金铃打断妈妈的话："你准备把这鱼怎么办？"

这句话问得实在及时，卉紫闭上嘴，开始思索如何处理大鱼的问题了。卉紫估摸这鱼有六七十斤重，三口之家在春节期间是无论如何吃不下去的。要完整地放进冰箱，除非那冰箱大得像冰库。那么只有一个办法：解剖。分割为零碎鱼块，再送出一部分给亲朋好友，余下的自家慢慢消化。

卉紫到厨房里拿来一把最快的菜刀，站在浴缸边上打量了大鱼好久，决定从鱼的脖颈处下手，先割下它的大脑袋来。

金铃心里庆幸地想：好在这鱼已经死去多时了，否则割头的痛苦它受不了，她也受不了。鱼的疼痛是在身上，她的疼痛是在心里。

卉紫割鱼头的时候才发现她对自己的力气和鱼鳞的坚实都估计不足。足有铜钱厚的鱼鳞几乎比铜钱更硬，锋利的刀刃在鳞片上轻飘飘地就滑过去了，最多只留下一道浅浅的白色割痕。刀刃无法深入鱼身分毫，卉紫白用了半天劲。金铃自告奋勇说:"我来吧!"

当然这话说了等于白说,金铃又割又砍,弄得鼻尖冒汗,那鱼根本就若无其事。

卉紫说:"送鱼的人真该考虑到我们杀鱼的艰难。我倒宁愿要几条小一点的家伙。"

金铃忽然想到一个主意,说:"报上不是登过广告吗?'有事请拨 110 电话,巡警同志为您排忧解难'。我们打 110 报警电话吧。"

卉紫说:"请巡警来帮忙杀鱼?太荒唐了。"

可金铃的这句话还是提醒了卉紫,她想起金铃奶奶有一把专门用来剁排骨的斧子,连忙洗了手去打电话向奶奶求援。好在两家距离很近,放下电话不到 10 分钟,奶奶已经握着斧子气喘吁吁赶到。

奶奶说:"真是好笑,一路都有人问我拿斧头干吗,以为我家来了打家劫舍的强盗呢。"

奶奶年纪大了,力气却不小,又比卉紫有经验,再加有利斧快刀做武器,事情马上变得容易了许多。她先用电工起子将茶杯口大小的鱼鳞一片片起出来,然后举斧猛砍进鱼脊,在碰到脊骨时巧妙地迂回到关节处,终于将一个硕大的鱼脑袋砍杀下来。

鱼脑袋跟鱼身猝然分离,粘稠的鱼血便汹涌而出。一股浓浓的血腥味随之冲出来，把金铃熏得打了一个喷嚏。她看见随着血液缓慢涌出切口的金黄的鱼子、雪白的鱼油、花花绿绿的鱼肚肠和鲜红的心肝，觉得恐怖，又感觉头昏恶心，转身逃出卫生间去。坐在外面又想，不能不看，不看太可惜了。她就站在卫生间门口，捂住鼻子，只用嘴巴呼吸，眼睛眯起来，从眼缝里窥视整个过程。

卉紫和金铃奶奶齐心合力，又砍又剁，终于将一条大鱼分解成块。墙壁上、抽水马桶上，到处都是喷溅上去的粘稠的鱼血。奶奶和卉紫两个人张着四只鲜红鲜红的血手，一时竟累得无力扭开水龙头冲洗。奶奶一屁股瘫坐在马桶盖上，声明她得歇一歇才能打扫"战场"。卉紫面有难色地说："那你先出去，我来收拾。要不然闯进个人来，还以为我们家里出了人命呢。"

奶奶就出去到厨房里洗了手，坐下来喘气。卉紫一个人在卫生间忙碌，先用水冲地，又用拖把拖，嗅嗅还是血腥味冲天，干脆兑一盆洗涤净，蹲下身将每一条瓷砖的缝隙都抹了一遍。完事后探头再看浴缸里，鱼块横七竖八堆了一缸，白生生的鱼肉从每一个切口鼓出来，夹着细细的鲜红的血丝，看着就觉得肚子很饱，没有煮它来吃的欲望。

卉紫不无忧愁地说："怎么办呢？这些鱼块？"

奶奶倒很干脆："送！楼里的邻居每家送一块，再打电话喊金铃她姑姑来拿。剩下的你们塞冰箱，塞不下的我带回家腌起来。"

奶奶活像个大将军，指挥起来颇有点雷厉风行的军事家气派。

金铃这时候开始活跃了，主动申请担负给邻居们送鱼的任务。当然她期盼的其实是邻居的一声惊讶或者赞叹。她挨家挨户笑眯眯解释："这是我爸爸的大鱼。"

当天晚上金铃做了个梦，梦到一条巨大的鲸鱼压在她的身上，身体冰凉冰凉的，嘴巴里的味道腥臭腥臭的，压得她不能挣扎，无法呼吸。她惊恐地呼喊妈妈，又觉得喉咙也被压住了，什么声音也喊不出来了。她急得一身汗，醒了，原来是个梦，是她睡觉时无意间把手放在了胸口上。

整整一个春节，还有春节过后的整个春天，金铃的家里总是弥漫着烧鱼的香味。红烧，熏炸，剁碎了做鱼丸鱼饼，糖醋鱼，豆瓣鱼，酸菜鱼，鱼汤火锅……吃得金铃看见鱼就恶心。此后直到金铃毕业考试，卉紫再没有往家里买过别的什么鱼，用她的话说："简直吃怕了。"

所以，金铃总结出一个深刻的道理:物质过于丰富了也不是好事，对未来永远抱有期望才是最美好的现实。

十六　真的获奖了

　　寒假结束，第一天到学校报到，金铃就忍不住把大鱼的事情说给她的好朋友杨小丽听。

　　杨小丽眨巴着两只细长的眼睛，突然问她一句："你爸爸不是当老师的吗？"

　　金铃不知道是什么意思，茫然地说："是啊。"

　　杨小丽马上得出结论："你这是吹牛。"

　　金铃生气了，冲着好朋友大声说："你才吹牛！"

　　杨小丽解释："如果当老师，那就不可能有人送那么大的鱼给你爸爸。我家对门有个人当局长，他家过年收了好多鱼，都挂在阳台上晾着，最大的一条才这么大。"她用手比划了一个长度。

金铃愤怒地哼着鼻子，心里觉得杨小丽太俗气了，眼睛里只有当官的，不知道知识也能产生财富。她想这学期该考虑是不是继续跟杨小丽做好朋友。

金铃又跟另外的几个同学说了这事。当然都没人相信，都说金铃吹牛。尚海居然说："你是把鱼的长度乘以2了吧？"

金铃气得发昏。她背着满满一书包新发的书本弓腰曲背往家里走，一路上都咬牙切齿，恨她的同学太"势利眼"，不把她当老师的爸爸放在眼里。

妈妈在金铃报到的这天照例请了半天假，在家里把旧挂历裁成一块一块的，等着金铃发新书本回来后包书。书很多，本子也多，所以这是一项相当巨大的工程，每次卉紫都要累得头昏眼花、胳膊发沉。

金铃一到家，卉紫就帮她把沉重的书包从背上卸下来，一边说："不得了，发这么多书本！"

金铃说："这就多啦？还有一半没发下来呢！"

卉紫开始点数。计有教科书 12 本，参考书 3 本，课外练习册 3 本，辅助习题册 2 本，竖笛乐谱 1 本，美术画册 1 本，大字练习本 1 本，钢笔字帖 1 本，透明临摹纸若干，语文本 5 本，数学本 5 本，英语本 2 本。卉紫心里想，这一下午加一晚上未必能够包妥所有的书皮。若是明天再有这么多发下来，家里的挂历纸该不够了，还得到单位向同事们匀一些回来。

金铃坐在旁边看妈妈包书，递着剪刀胶带什么的。卉紫对她说："别闲着，帮妈妈做点事，到冰箱里拿一块鱼出来解冻。"

不提鱼的事还拉倒，一提到鱼，金铃的怒气上来了。她埋怨妈妈说："鱼没剖开之前，你为什么不给大鱼拍张照片呢？"

卉紫噢的一声，说："真是的，我怎么忘了这事！要是拍张照片留作纪念多好。"

金铃说："同学们没人相信我爸爸有那么大的鱼。"

卉紫纠正她的话说："不是你爸爸的鱼，是人家送给你爸爸的鱼。"

金铃大声说："这有什么关系？送给了爸爸，就是爸爸的东西！"

卉紫奇怪地望着金铃，不知道她今天又是怎么了，在鱼的问题上态度如此强烈。这孩子真是越大越有想法。

开学后的第一次作文课，邢老师出了这样一个题目：《我的××》。邢老师说，这叫"半自由命题"作文，在一定的范围内可以自由选择作文内容。

金铃心里憋着气，马上提笔写下几个字：我的爸爸。她埋着头写得飞快，尚海想看看她写些什么内容，她立刻用手捂住了，不客气地说："去去！有本事你自己想，别问我写什么！"

打下课铃的时候金铃还没有写完，老师允许没写完的人带回家继续写，因此卉紫有机会看到了金铃写的这篇作文：

我的爸爸

我的妈妈是个编辑，她崇尚知识，羞于谈钱，对那些腰缠万贯的"款爷"们总是抱着偏见。偏偏我的爸爸在深圳"下海"几年后，也成了一个令妈妈别扭的"款爷"。瞧他一身名牌，腰间挂着"BP"机，手中拿着"大哥大"，戴着一副金丝眼镜，真是威风十足。怪不得开"的士"的司机左一声"老板"、右一声"老板"的献殷勤。今年春节，他从深圳回来，从机场坐"的士"到家门口只要20元，爸爸甩过一张50元的票子，叫司机不要找了。我大叫起来："哇！你可真阔气！"爸爸解释说："大雪天的，又是年三十，人家出来开车多不容易。"哼！瞧他，怎么说都有理！妈妈数落他："变了款爷，满眼都是钱！"奶奶也担心地说："钱多了，人就容易变……"我说："爸爸要是再赚钱，银行里就要存不下了，那时候怎么办？为什么不把钱拿出来做好事？"

177

可是不久发生的一件事,大大改变了我对爸爸的看法。

起因是妈妈的单位要集资盖房子,妈妈想买一套大点的、楼层好点的公寓房,叫爸爸汇钱过来。爸爸总是拖延不办。妈妈很生气,在电话里把爸爸骂了一顿,爸爸也不生气。

寒假的一天,我正在家里做作业,猛然听见有门铃声。我放下钢笔去开门。门一开,我惊呆了:门口"站"着一条银色的大鱼儿。在阳光和雪光的衬托下,每一片铜钱大的鱼鳞都闪着灿烂的阳光,仿佛上帝已赐予它们生命。一个陌生的声音从庞大的鱼身后传来:"打听一下,这儿是不是金先生的家?"

妈妈从厨房里出来,边用围裙擦手边请客人进屋坐。送鱼的小伙子将鱼抱进浴缸,甩了一把额上的汗珠,这才说了事情的原委。原来呀,他的家乡在江边,很穷,最近他们办了个养鱼场,却因为经济困难,亏损很多。他们求到了曾在那里插队的爸爸头上,爸爸毫不犹豫地汇去了 20 万元,帮助他的第二故乡恢复生产。不久,养鱼场又兴旺起来,所以就送来这么一条"庞然大物"。

我一听,心里暖和和、甜蜜蜜的,一瞬间我感到无比骄傲、自豪。我拿起爸爸的照片,重重地、响响地亲了一下,嘴里还不住嘀咕:"真有你的! 你真是个标标准准的好爸爸!"

晚上妈妈一个电话挂到深圳,着实把爸爸"夸"了一顿。爸爸在电话里说:"这也是应该的。我人在深圳,心却始终在家乡,我只希望家乡这只大公鸡变成金凤凰,在世界上展翅飞翔!"

瞧!我爸爸是不是世界上独一无二的好"款爷"?从此以后,妈妈对爸爸改变了看法,成了爸爸的"盟军"。我有一个独特的"款爷"爸爸,还有什么不幸福、不满足的呢?

卉紫推开作文本,万分惊讶地看着金铃:"你爸爸什么时候去了深圳?而且还成了个款爷?我们家见过20万人民币有多大一堆吗?"

金铃不在乎地说:"我写的是作文。"

卉紫说:"作文也不能胡说八道!"

"文学不就是虚构吗?这是你说过的话。"

"虚构的是小说,作文只能写你身边发生过的事。"

"不对!作文也是文学!"

金铃激动得面红耳赤,鼻孔张开来,牙关咬起来,一副为捍卫真理誓死拼斗的模样。

卉紫说:"你怎么了?"

金铃紧咬牙关,呼呼地喘气,一句话不说。

卉紫实在觉得莫名其妙,高声喊书房里的金亦鸣。

"亦鸣你出来看看,看你女儿把你描绘成什么样子!"

金亦鸣就放下听外语的耳机走出来,把金铃的作文看了一遍。

"挺好。"金亦鸣笑嘻嘻地说,"真的挺好。我要真是个款爷,做出这么令人感动的义举,还不该把我好好夸一顿?"

卉紫瞪了他一眼:"说点正经的吧。我看金铃的思想有问题。"

"也许十年八年之后我真的成了款爷呢!"金亦鸣竭力插科打诨,想要打破母女间此刻的对抗局面。

卉紫不理他,把头转向金铃说:"告诉我,你为什么要这么写?爸爸凭学识帮助乡办工厂,受人尊重,人家送一条大鱼来谢他,这不光彩吗?或者,你觉得当老师的爸爸太寒酸,希望有个当大款的爸爸?"

金铃闷声闷气地回答:"都不是。"

"到底是什么?能不能告诉爸爸妈妈?"

金铃抬头看着他们,眼圈先红了一红,才说:"同学不相信我家里有过那么大的鱼。他们说,没有人会送大鱼给我的爸爸。"

卉紫和金亦鸣对看一眼,两个人心里都咯噔了一下。金亦鸣勉强笑笑,说:"如果爸爸是大款,同学就会相信吗?"

金铃点头。

"为什么?"

"因为大款有钱。人们都会巴结有钱的人,就像大家都巴结当官的人一样。"

"天哪！"卉紫轻叹一声，"你怎么会变得这么世故！"

金铃郑重其事地说："我并不想说谎，可是如果说真话反而没有人相信，你会选择什么？"

卉紫答不出话来。她心里有一种海水漫过去一样的凉丝丝的感觉。这社会真是变得越来越实际了，小学生已经懂得了"钱"和"权"的厉害，懂得了如今在世上大行其道的是什么。到这一代孩子长大的时候，他们对前途和命运会有什么样的选择啊！

金铃的这篇作文交上去没几天，邢老师又打电话请卉紫到学校去一趟。邢老师拍着金铃的作文本说："这篇作文写得不错。真不错。可是我能问一个问题吗？"

卉紫说："可以。"

邢老师就说："你自己是做文字工作的，你懂得什么是真实，什么是虚构。一般来说我们不提倡孩子把作文当小说来写。家长看没看过这篇作文？"

卉紫点头。

"那么，是家长默许她编造了这样的情节？"

卉紫说："不，我只想让老师也看看，好知道孩子们心里想些什么。"她就把围绕一条大鱼发生的事情说了一遍。

邢老师的表情严肃起来："原来是这样。"她想了想，又说:"看起来光抓学习不行,还得抓思想。孩子成熟得越来越早了,他们都太有自己的看法和主见,我有时候甚至觉得可怕。"

邢老师送走卉紫之后,当天下午就拿出自习课的时间开了一次班会,主题内容是:我最崇拜谁?

结果当然是热闹非凡。男孩子们大都选择了时下电视节目里正在播放的日本动画片人物:宇宙英雄奥特曼。只有倪志伟偏要摆出一副与众不同的架势,说他最崇拜特工英雄007。于胖儿马上站起来反对:"奥特曼连原子弹都打不死,007行吗?"倪志伟不屑地哼着鼻子:"跟你说不清,你是只看动画片的。"

话说出去,倪志伟才意识到自己一不小心触犯了众怒,因为动画片是全班男女同学一致迷恋的电视节目。立刻就有好几个人站起来,七嘴八舌指责倪志伟故作高深,任何时候总想显示自己的与众不同。尚海甚至激动得离开座位,跑到讲台前大声揭露:"倪志伟每天都在家里看奥特曼!他还买过一套奥特曼的卡通画书,很贵很贵的!"

这一来全班情绪更是激昂。倪志伟面红耳赤,摆出一副恶狠狠的架势对着尚海。尚海就很张扬地对他做着鬼脸,表示自己不怕威胁。

邢老师用教鞭使劲敲着讲台,说:"好了好了,让女同学也发表看法！"

金铃几乎是跳起来："我最崇拜诺贝尔！"

话音刚落，教室里一下子就安静下来。于胖儿和李林几个人焦急地转前转后，小声询问别人："诺贝尔是谁？"问到倪志伟，倪志伟偏不答，满脸是不屑的冷笑。

邢老师说："谈谈看法，为什么崇拜他？"

金铃说："因为他设立了诺贝尔奖。全世界的人，谁不想得到这个奖呢？物理学家，化学家，医生，诗人，文学家，还有国家总统，只要是得到这个奖的人，都是世界上不平凡的人。而诺贝尔设立了这个奖，所以他很伟大！"

邢老师微微笑着："你将来也想得到这个奖吗？"

金铃双眼闪出一种奇异的光亮："不，我将来要挣很多很多的钱，设立一个比诺贝尔奖更伟大的奖。我要让全世界的人为得到中国的这个奖而骄傲！"

邢老师点点头说："很好。你能想到为中国人争光，这种想法很高尚。挣钱多未必是坏事，钱也并不都是肮脏的，看你是怎么挣的，用在哪儿，用出去对人类有没有益处。你们知道诺贝尔生前是从事什么职业的吗？"

金铃又抢着说："我知道！他是个化学家，发明了烈性炸药。"

教室里有几个人恍然大悟地啊了一声。

邢老师拍拍讲台上的书："知识啊！孩子们。知识是最宝贵的财富。诺贝尔首先是一个化学家，一个了不起的发明家，而后才有能力设立他的大奖。世界上做生意赚钱的人太多了，款爷太多了，谁的钱能有诺贝尔的钱这么被人看重？说来说去一句话，世界上最可崇尚的东西是知识！"

班会结束之后，金铃找邢老师要回了作文，改写了一遍。改过之后的内容是这样的：

我的家是一个既贫穷又富有的家。说它贫穷，因为家里的彩电至今还是18英寸的"北京"牌，除了中央台和省台，其他的频道只能用"模糊学"的观点去看。我爸爸学外语用的录音机，也是一修再修，被人修得烦了，就变成了一个什么都不在乎的"老油条"。你得使劲拍它两下屁股，它才很不情愿地哼哼几声。如果拍的次数太多，它又会发怒，突然大着嗓门尖叫起来，把爸爸吓一个跟头。

说我的家富有，因为我爸爸和妈妈都是名牌大学的毕业生，他们的学问和知识加起来要用车载斗量。我生活在这样的家庭里常常觉得被太多的书本挤压得非常渺小。别人都说金钱是沉甸甸的，以我自己的经验看，书比钞票要重好多呢，不信你称称！

我爸爸其实研究过好多新产品，也曾经获得过国家专利。可是他太迷恋当大学老师，成天就是看书、备课、写论

184

文、带研究生、钻实验室。妈妈有时候羡慕别人家有钱,劝爸爸下海办公司,说凭他的研究成果肯定赚钱。爸爸不干,爸爸说世上的钱是赚不完的,重要的是做自己认为该做的事。

下面就写到了那条大鱼。把原来爸爸用钱去投资改成了用知识去帮助乡办厂。结尾也跟着作了改动。

卉紫看了,对金亦鸣说:"瞧瞧,吹捧了你,可把我贬得不轻。我倒成了见钱眼开的人!"

金亦鸣偏袒女儿说:"文章不是讲究有波澜有起伏吗?你得允许她稍稍地进行一点虚构,反正我没认为你是个恶婆娘就行。"

卉紫点着金铃的额头:"下回你再写一篇《我的妈妈》,把你爸爸也贬一顿!"

金铃大叫:"就写他大男子主义,不会做家务事!"

卉紫眉开眼笑,抱着金铃的胖脸蛋亲了又亲。

不久区里举行小学生同题作文大赛,邢老师把金铃的这篇推荐上去,得了个二等奖。区里跟着再推荐到市里,又得一个三等奖。新华街小学的校长比谁都高兴,在全校的集体晨会上点名表扬了金铃,又安排她担任了那天早晨升国旗时的护旗手。金铃穿着洗得很干净的校服,脖子上系一条新买的红领巾，站在晨风里冉冉升起的国旗下，把一只胳膊高高举过头顶，心里涌出从未有过的骄傲和自豪。她那天高兴得哭了，站在最前排的尚海说他清清楚楚地看见了金铃眼睛里的泪水，只是金铃死活也不肯在尚海面前承认这一点。

十七 获奖专业户

还是在开学之前，卉紫带金铃到长江百货公司去买过一次书包。

金铃的书包每年都要更新一次，从最便宜的 50 多块钱一个的，到最贵的 100 多块一个的，都买过。50 多块的虽然便宜，可使用期也只有昂贵书包的一半，用到后来，不是带子断了，就是拉链坏了，还有一次是底整个掉了。金铃正背着它在大街上走呢，哗的一声，所有的书本文具像从垃圾车的大翻斗里倾泻下来似的，稀里哗啦摊了一地。

街上顿时多出一个展示书本文具的小地摊，把金铃窘得什么似的。难为情一点也就算了，最可恨的是新发的书本被路边污泥糟蹋得不成样子，自动铅笔里的铅统统断了，钢笔也摔折了笔头。金铃用破书包兜着一大抱东西，嚎啕大哭着回家。后来还是卉紫尝试报纸上介绍的一种方法，用湿抹布把书本仔细擦干净，放进冰箱里阴干，才算没有破坏书本的原状。此后卉紫再不敢给金铃买什么便宜货。

卉紫想，从前我们上学的时候，书包好像从小学用到中学都不坏的呀！再一想又恍然大悟：从前发书只有语文、数学两本，书包背在身上轻飘飘的能飞起来，哪里还能够坏呢。

书包柜台上是真正的"琳琅满目"，数一数，没有100种，起码也有50种。金铃看中了一只粉红色装饰得很漂亮的书包。书包做得的确精致，看上去又很结实耐用，是中外合资产品。卉紫一问价，是140元。卉紫就倒吸一口凉气。

柜台上的中年售货员人很和气，眼睛笑眯眯的，嘴巴又能说，见金铃的眼睛盯住书包不放，马上取出一只，热情万分地要金铃背上试试感觉。金铃一旦背在身上，哪里还肯放下呢？嘴里不好意思说要，眼睛里却是热切盼望着的。

卉紫小声嘀咕："太贵了。"

售货员说："一分钱一分货啊！这种书包我们进了几百

只，没几天就卖光了。看看，多结实，多耐用！孩子背着多神气！"见卉紫依然迟疑，又婉转地劝说："我们商场这几天庆祝建店40周年，在举办一个中小学生作文大赛，叫你的孩子也写篇作文试试。万一得了奖，书包钱不就赚回来了吗？"

卉紫笑笑："哪有这么容易？"

"也别说，好运气来了，你挡也挡不住的。"

卉紫被她磨得不好意思，到底还是花出了那140块钱。

母女俩下楼，在大堂里果真看到一则大红洒金纸贴出来的"征文启事"，说的正是举办中小学生作文大赛的事，内容限于跟长江百货公司有关的一切。很多人围着在看，七嘴八舌猜测有什么奖品，是东西还是钱。

金铃回头望着卉紫说："我可以试试。"

卉紫回答："当然可以试试，不就是写篇作文吗？"

金铃回家就开始写，题目叫《长百伴我长大》。文章说"长百"的东西价廉物美，家里所有的耐用商品和电器用品都是从"长百"采购回来的。每年她过生日，妈妈都会到"长百"给她挑选一样礼物，从1岁生日时买回来的钢琴，到11岁生日时买回来的漂亮台灯，所以"长百"和她的生命融合在一起，"长百"伴随她长大。文章写得非常朴实，却是情真意浓，很让人感动。卉紫替她改掉几个错字，让她用作文纸抄写清楚，又帮她写了信封，贴上邮票，扔进楼下的邮筒。

这事过去之后，卉紫把它忘了，金铃自己也没有再提起过它。可是半个月之后卉紫开信箱，滑出来一封印有"长江百货公司"字样的信，里面说金铃同学的作文获了奖，请家长在下个星期日带上户口簿,和金铃同学一起出席颁奖会。

俗话说"好事成双"，果然是有些道理的。金铃的作文《我的爸爸》获了区里和市里的奖。一家人都大喜过望。卉紫高兴地对金铃说："你倒是一不小心成了获奖专业户。"

金铃得意洋洋地卖弄新学的成语："这叫'牛刀小试'！"

金亦鸣刚摘下耳机从书房出来，糊里糊涂听了半句，插嘴问："什么什么？杀鸡用牛刀？"

金铃笑得把刚喝到嘴里的一口茶水也喷了出来。

领奖是在长江百货公司楼上的会议室，大概因为顺带做广告，会场布置得很漂亮，有吃有喝，还请了电视台的记者。其实获奖的孩子并不多，1 个一等奖，2 个二等奖，3 个三等奖，其余便是一些鼓励奖了。

台上摆着用红绸带装饰的奖品，依次是:386 电脑 1 台、"卡西欧"电子琴 2 台、"小霸王"电脑游戏机 3 台。

金铃坐在会场上，眼巴巴望着台上的奖品，有点紧张地问卉紫："你认为我能得哪种奖？"

卉紫说:"我怎么知道?得哪种奖都行,妈妈都高兴。"

"我希望得到那台电脑。"金铃拉了拉妈妈的手,"爸爸早就想买一台电脑了。"她停一会儿又说:"游戏机也不错,我们好多同学家里都有游戏机。"

金铃始终没说她希望得二等奖:那台挺不错的"卡西欧"电子琴。

可是后来宣布得奖名单时,金铃偏偏就是二等奖。

金铃抿着嘴,竭力把笑意掩藏起来,起身到台上把电子琴抱了回来。电子琴太大,金铃颇为吃力地抱在胸前,走路看不见前面,下台时差点儿绊了一跤,惹得台上台下一阵笑。一个电视台记者眼疾手快地帮她拿过琴,一直送到卉紫那儿,然后客气地问:"小朋友,我可以采访你吗?"

金铃脸红起来,眼角瞄着卉紫说:"你问我妈妈。"

旁边的人听见这句话又笑了。

卉紫一把拉过金铃说:"人家是采访你呢!大方点儿。"

金铃问记者:"你想要我说什么?"

记者忍住笑说:"不是我想,是你想——你想对大家说什么?"

金铃把一只手指放在嘴巴里啃着,对着镜头说:"谢谢百货商店的叔叔阿姨送我这台电子琴。可是我最想要的是那一台电脑。"她指指已经被一个中学生抱在怀里的电脑说:

“我下次还要参加比赛，一定要把电脑拿到手。”

记者拿过话筒说："很好，你很有志气，希望你能实现自己的愿望。"

金铃点点头，彬彬有礼地问答："谢谢。"

碘钨灯一灭，金铃几乎逃一样地回到卉紫身边，连声说："吓死我了。"

卉紫笑着搂一搂她的肩："还不错，好歹没露怯。"

回家的路上，卉紫帮金铃拿电子琴，路远没轻担，卉紫一路频频换手，只觉肩酸背疼，很后悔没让金亦鸣陪女儿来。她对金铃说："幸亏是电子琴，要真是电脑，我们两个根本没法弄回家。"

金铃不回答她的话，不紧不慢地跟在身后，脸上也没有了刚才的惊喜。

卉紫回头望望她："你真的不高兴？因为没得到一等奖？"

金铃忽然问："'揠苗助长'的成语你听说过吗？"

卉紫扑哧一笑："岂有此理！我可是正经大学中文系毕业的。"

才说完这句话，卉紫就明白金铃为什么会问这个，又为什么心里不太高兴：她是怕妈妈回家后又要逼着她学电子琴！

小时候学钢琴把金铃学怕了。

金铃的钢琴是卉紫在她周岁生日时买回来的。那时候市场上物价还很便宜，一架最好的"珠江"牌钢琴才1000多块钱。卉紫和金亦鸣结婚时没用什么花费，那笔钱便存下来，在金铃周岁那天送进长江百货公司，拖回家这个油光锃亮的大玩艺儿。

钢琴回家就闲置了4年。4年中琴价年年飞涨，卉紫很得意自己当初的眼力和魄力，若是等到金铃5岁时再买，恐怕他们只有望琴兴叹了。

5岁时第一次上课，老师抓住她的小手细细端详，肯定这是一双修长的弹琴的好手。做母亲的便窃窃暗喜，恍惚中看见10年后一个白衣少女端坐琴后，纤纤十指如蝴蝶翻飞，琴声如泉水、如海浪。这样的想像实在太令人鼓舞了，卉紫于是告诫女儿说：学好钢琴是妈妈对你的最大愿望。

初学的半年一切顺利，金铃是个性格活跃的孩子，整小时地坐在琴凳上一动不动真是难为了她。逃避之心随时都有，但迫于卉紫的压力，她还不敢有大的反抗动作。有时候她学不会，卉紫发火打了她骂了她，心里虽很不忍，想到学琴的孩子都得有这一番磨砺，心里也就释然。

半年之后课程加深，满纸的小蝌蚪密密麻麻，金铃年龄小，认读能力差，必须有卉紫在一旁帮忙。卉紫从没学过五线谱，此番跟着老师现学现卖，心里颇有点"80岁学吹打"的感慨。大人学新东西比孩子难，卉紫天天伸长了脖子对着五线谱连数带猜，未免心生烦躁。一烦躁就要朝金铃瞪眼，怨她笨，怨她不用功，自己不认谱子要连累妈妈来认。金铃被妈妈骂了自然也很愧疚，坐上琴凳心里越发紧张。一紧张便频频弹错，越错越要挨骂，恶性循环，母女俩如同钻进了魔圈。

每星期的回课是雷打不动的。每次回课，卉紫比金铃紧张，生怕她弹不好出洋相，或者被老师嫌。卉紫好胜心强，凡事要求完美，金铃却是天性粗疏，大大咧咧，不是这儿错了节拍，便是那儿弹错了音符。卉紫坐在老师旁边急得手心出汗，恨不得替她弹完了这一曲才舒坦。每次上完课回家，两个人都一声不吭，卉紫是因为女儿成绩不理想而生闷气，金铃则是见卉紫脸色不好而心中害怕。

金铃学琴两年。两年中卉紫发了多少火，生了多少气，已经难以计数。金铃呢，原本活泼的天性也变得阴郁起来，逢人就说最恨钢琴。母女俩的性格接近扭曲，两人之间的关系也透着紧张。

幸好卉紫还算明智，意识到事情不对之后，断然决定停止金铃学琴。母女俩同时松了一口气。卉紫有时候想想心犹不甘，鼓励金铃说："没事再弹着玩玩嘛！不要求你怎么严谨正确，别把过去会的那点东西还给老师就行。"金铃却仿佛怕了钢琴一样，只要卉紫没有当真生气，她就坚决不碰琴键一指头，连走路都远远地绕着道儿。

再后来，金铃的爷爷生病住院，家里急等着钱用，金亦鸣干脆说服卉紫把钢琴卖了。卖价虽说是买价的几倍，卉紫想起来心里还是隐隐作痛。

此时卉紫明白了金铃的闷闷不乐的原因，忍不住哑然失笑，停住脚步等了等金铃，说："你真是聪明一世糊涂一时了，想想看，夏天就要考中学了，头等大事是什么？我还有心思让你学电子琴吗？"

金铃一下子开心起来，咧嘴笑着，又主动要求帮妈妈抱一会儿琴，很庆幸地说："我这是'一年被蛇咬，三年怕井绳'啊！"

卉紫当着一街人笑得前仰后合。

第二天到学校，金铃一下子成了明星。昨天的新闻很多人都看到了，一大堆人拥上来问金铃各种各样的问题。

"摄像机镜头对住你的时候，你怕了吗？"

"电子琴是什么型号的？"

"那电子琴真的归你了？"

"金铃你好幸运哦！"

倪志伟在一旁阴阳怪气地学着金铃讲话的腔调："可是我最想要的是那一台电脑……"

杨小丽帮金铃说话："有人也想要的，可惜连台游戏机都要不到。"

倪志伟横眉竖眼地问："你说谁呢？谁要不到？"

杨小丽很不屑地说："爱说谁就说谁！别总以为自己成绩好，高人一头，见了别人得奖心里就妒忌……"

倪志伟红了脸嘀咕："傻人撞傻运。"

要是放在平时，金铃早就跟倪志伟干起来了，可是她今天心情好，别人说什么她都不计较，照样笑眯眯的，反让倪志伟觉得很没趣。

下课的时候，金铃在走廊里碰到邢老师。邢老师叫住她说："昨天你得奖的事，我在电视上看到了。"

金铃有点不好意思，低头用脚尖蹭着地面，小声说："没什么，是碰上的。"

"碰也得凭实力去碰。你不错。"邢老师说，然后话头一转，"有件事，我想来想去还是推荐你。"

金铃听她说得很严肃，不由得跟着紧张起来。

"是这样，市里一家电视台来招聘儿童节目主持人，要我们学校推荐几个。要求是作文写得好，普通话讲得好。昨天我看你在镜头前面挺松弛的，说不定你去了人家真会看上你。你想去吗？"

金铃慌忙摇头："不，我不敢。"

"是不想，还是仅仅不敢？"

金铃吞吞吐吐地说："我……什么……都不会呀！"

"去试试吧，事总是从不会做起的。你要是一个人觉得害怕，我再找个人陪你。刘娅如！"

刘娅如是班上作文写得好的另一个女孩子。听见老师喊，她急忙跑过来。邢老师把电视台招聘的事对她说了。刘娅如最大的优点是听话，老师无论说什么，她都绝对无条件服从。当下她就连连点头。邢老师说："好了，那就这样定了。你们两个既然是代表学校去应聘，不管怎样总要争取上一个，这是我们学校的面子。下午放学你们留一留，我请音乐课卫老师给你们指点指点。"

邢老师走后，金铃数落刘娅如："你怎么想也不想就答应了呢？"

刘娅如茫然地说："不是邢老师让去的吗？"

金铃觉得跟她有点说不通。有些好学生就是这样，除了学习，几乎什么都是一问三不知，仿佛没有长自己的脑子。

不管怎么说，金铃心里还是有点高兴。金铃平常不是个爱出风头的人，可是好事既然找上门来了，傻瓜才会推出去不要。瞎谦虚什么呀！万一真能当上小主持人，哈，起码妈妈会多一桩值得炫耀的事！

下午上完自习课，卫老师果然找到教室里来了，看起来她对推荐学生应聘主持人的事非常感兴趣。她在教室门外伸着脖子喊:"谁是金铃和刘娅如?"

金铃、刘娅如答应着,匆匆收拾了书包,跑出教室。

卫老师看看金铃,又看看刘娅如,问:"是你们两个吗?"

显然她很失望。

刘娅如似乎没什么反应,金铃就很敏感,马上说了一句:"主持人跟演员不是一回事。"

卫老师扑哧笑了:"你这孩子!我还没开口,你就先把我堵回去了,这张嘴好厉害,我看你能当主持人。"

金铃的脸红了红,说:"对不起……"

卫老师把她们带到学校体操室,说是要教她们几个简单的形体动作。卫老师从前当过歌舞团演员,人长得很漂亮,高挑的身材,头发在脑后梳一个圆圆的髻,前额光溜溜的,而且身上总有一股好闻的、漂亮女人才有的味道。新华街小学的女孩子一向都很崇拜她,私下里把她当作了自己的偶像。可惜卫老师一个人要教的班级太多,从四年级到六年级都由她负责。这么多班级的女孩子,她几乎一个人名也叫不上来。

卫老师脱鞋踩在体操室地毯上,让金铃和刘娅如学站"丁字步"。身体侧过来,右脚在前站成"1"字,左脚在后站成"一"字,挺胸,收腹,头甩过来面向正前方,面孔微微带笑，双目炯炯有神。

金铃平常是个随意惯了的人，站没站相，坐没坐相，哪里受过这样标准化的训练？卫老师急得直喊："把身体端起来！拿出骨架子来！收腹！收腹！"

她走过去拍金铃的肚子，才发现小姑娘太胖，不是不收腹，而是胖肚皮收不回去。

"哎哟，既然想当主持人，还不该减减肥？"卫老师哭笑不得地说。

金铃心里也有些自卑，嘴上又不肯服气，虚张声势地替自己辩护："很多大人都是喜欢胖孩子的！"

刘娅如就更不行了，身子细溜溜、软绵绵，像根蔫了的豆芽菜，任凭卫老师怎么说怎么拨弄，她根本没办法找到一点感觉。而且她还不如金铃，她眼睛里没神，空空的，怎么看都像木偶。

卫老师泄了气，抱怨说："会表演的不会写作文，会写作文的又不会表演，真是好事凑不到一块儿。"

刘娅如自己也没信心了，悄悄地对金铃说："要不然，我们去叫邢老师换人吧？"

到了这一步，金铃反而不肯服输，给刘娅如打气说："对你说过选主持人不是选演员，只要能现场采访现编台词就行。我们两个作文好，是有真功夫的，怕什么呀？"

卫老师放弃了教会她们形体动作的打算，转而要求她们回家准备一篇可供朗诵的材料，诗也好，散文也好。"总之要能读出感情的。"她这么嘱咐。

金铃回家就一阵乱忙，客厅里、房间里来回奔波，几乎把家里每一本藏书都拎出来翻过。金亦鸣和卉紫双双地跟在后面跑来跑去，不断地贡献自己的意见，帮忙查找、翻寻，弄得比当年写毕业论文还认真。

金亦鸣说："我看就是那个好，那个……话剧演员时不时上台朗诵的。"

"什么呀？你总得说个题目吧？"卉紫对他着急。

"是那个……那个……"金亦鸣也急了，"我要能说得出题目，还用得着问你？我又不是学中文的。"

"那你就说其中一句，只要有一句，我保证知道是什么。"卉紫说这话的时候十分自负。

金亦鸣抓抓脑袋说："好像是说……什么人活着死了的。"

卉紫大叫："啊！我知道了，是臧克家先生的《有的人》。"

金亦鸣也说："对对对，《有的人》。"

卉紫当即朗朗背出：

　　　　"有的人活着，

　　　　他已经死了；

　　有的人死了，

　　他还活着。

　　有的人

　　骑在人民头上：'呵，我多伟大！'

　　……"

　　金铃不客气地打断卉紫的朗诵："这可不是小学生读的东西。"

　　金亦鸣遗憾地舔着嘴角："啊，金铃你不行，你到底不行，不如你妈妈。这么伟大的诗，你居然不读。"

　　卉紫又找到了另一本诗集，欢天喜地地举在手里："听着听着！智利女诗人米斯特拉尔的散文诗集——她可是我最喜欢的诗人！"

　　金亦鸣咂咂嘴，拖长声音说："哦——女人的诗？"

　　卉紫迫不及待地翻到一页，情意绵绵地朗读：

　　"我的灵魂一度是果实累累的大树。那时候，人们看了红红的果实就有丰饶的感觉；听到千百只鸟在我的枝头歌唱就心醉神迷。

　　后来它成了一株灌木，枝条稀疏弯曲，但仍能分泌出芬芳的脂液。

如今只是一朵小花，一朵四瓣的小花。一片花瓣叫美，
另一片叫爱……"

刚念到一个"爱"字，金铃慌忙抬起胳膊捂住耳朵，鼻
子皱起来，做出一副不堪忍受的样子："妈呀，色死了，色
死了！"

卉紫奇怪地问："什么'色死了'？"

"就是'黄色'呀！"

卉紫才知道自己刚才的动情朗诵完全是对牛弹琴。她
忿忿不平地责问："脍炙人口的优美爱情诗，怎么可以跟色
情混为一谈？你简直不懂欣赏。"

金铃理直气壮地说："在我们班上，凡是提到一个'爱'
字的，就是色狼！"

金亦鸣在旁边早已笑得前仰后合。

金铃干脆拒绝了爸爸妈妈的帮助，自己到她的小书架
上找了《伊索寓言》里的一则寓言：《蚊子和狮子》。

蚊子飞到狮子面前，对他说："我不怕你，你并不比我强。
要说不是这样，你到底有什么力量呢？是用爪子抓，牙齿咬
吗？女人同男人打架，也会这么干。我比你强得多。你要
是愿意，我们来较量较量吧！"蚊子吹着喇叭冲过去，专咬

狮子脸上鼻子周围没有毛的地方。狮子气得用爪子把自己的脸都抓破了。蚊子战胜了狮子，又吹着喇叭，唱着凯歌飞走，却被蜘蛛网粘住了。蚊子将要被吃掉时，叹息说，自己同最强大的动物都较量过，不料被这小小的蜘蛛消灭了。

金铃绘声绘色地朗读一遍后，金亦鸣和卉紫面面相觑。金亦鸣说："这有什么好？一点激情都没有。"卉紫也说："不就是个干巴巴的寓言故事吗？"

金铃用悲天悯人的目光看着他们："你们这一代人一点都不懂幽默。"

金亦鸣和卉紫再一次互相看看。卉紫说："我的确不懂。我认为生活应该严肃，美的和丑的要截然分开。"

金铃摇摇头说："算了，我最不喜欢讨论严肃的问题，作业已经够让我烦的了。"

第二天到学校，金铃和刘娅如到处找卫老师，却找不到，原来卫老师感冒发烧，请假回家看病了。金铃松了一口气，觉得这样更好，免得卫老师总要用演员的标准对她们说这说那的。

星期天，金铃向卉紫要了坐公共汽车的钱，和刘娅如两个人一路问着找到了电视台。进了一间指定的演播室，才发现来的全都是女孩，不少学校都有老师带队，显得非常重视。台上已经有人开始表演了，是一个瘦骨嶙峋、小脸上只看见两只大眼睛的女孩。她穿了一条雪白的芭蕾舞裙，跟着录音带上的音乐在跳《小天鹅舞》。她跳得很卖力，完全具有专业小演员的水平。

刘娅如拉拉金铃的衣服："我们一定走错了，这儿不是考主持人的。"

旁边一个学校的老师说："没错，就是这儿。你们哪个学校的？"

金铃答："新华街小学。"

那个老师问："新华街小学就派了你们两个来？"

言下之意是新华街小学也太不当回事了。

金铃心里很气，故意大声地问："考不考现场采访？"

那个老师说："我也不清楚。大概要考的吧。"

金铃心里想，舞跳得再好又怎么样？到时候结结巴巴地说不出话来，看人家要我还是要她！

大眼睛的女孩跳完下来了，接着上去一个小学生。她长得很洋气，穿一套时下流行的少女装，眉眼还画过了，嘴唇涂成银红色，看上去不像 10 来岁的小学生，倒像画报上那些用来做广告的模特儿。她一上去就表演她的拿手节目：唱歌。姿势和歌声都模仿歌星杨钰莹，做出一副甜蜜蜜嗲兮兮的样子。

金铃对刘娅如说："你在这儿等着，我可要去上趟厕所了。"

不等刘娅如回答，她赶快溜出了演播室。

她向一个扫地的工人打听厕所在哪儿，那人说："往前走，再往右拐。"

一路走过去，两边都是用透明材料隔成的小单间，光线昏昏暗暗的，每个小单间里都有电视机屏幕的彩色画面闪闪烁烁，有的放新闻，有的放天气预报，有的是放电视剧、相声、MTV 什么的。有一个屏幕上放的是一个相当可怕的鬼怪片，金铃走过那里的时候，正巧有一只青灰的鬼手从画面里伸出来。鬼手突然间放成了特写，伴随着一声令人毛骨悚然的惨叫，活像要伸出玻璃门把金铃一把抓住似的。金铃吓得面无人色，心跳如鼓，拔腿就逃。逃到厕所时，忽然里面的门又是砰的一声响，惊得她险些没叫出声来。

原来厕所里另外有人。金铃听到一个人对另一个人说："把这些孩子都弄来折腾什么呀！不是都已经定好了陈导的女儿吗？"另一个人说："还想找个男孩做搭档，结果来的全都是女孩，真是好笑。"

金铃站在门外，看着两个长相不俗的阿姨从厕所出来，袅袅地沿走廊出去。有好一会儿她不能确信自己听到的是什么。后来她干脆不想小便了，奔回演播室，一把拉起刘娅如的手。

"走吧，回去吧，真没意思。"

刘娅如使劲甩着她的手："还没轮上我们学校呢。"

金铃说："大人有时候也会骗我们小孩的。"

刘娅如不明白她的意思，怕半途溜走会被邢老师责怪，死活也不肯听金铃的。

这时候过来了一个大腹便便的中年人，他一来就惊讶地张开双手："怎么都是些女孩子？"又拍拍金铃的脑袋问："哪个学校的？"

金铃闪开脑袋，不说话。刘娅如替她回答："新华街小学。"

那人笑笑："啊，回去跟你们老师说，换几个男孩子来。"又抬起手对在场的所有人拍了拍："好了！女孩子都回去了！请各学校下午换男孩子来！"

刘娅如悄声问金铃："到底是怎么回事啊？"

金铃说："走就走，谁稀罕当什么主持人？我还怕耽误考试呢！"

后来无论在家里还是在学校，金铃都闭口坚决不谈这事，觉得很无聊，很没意思。倪志伟嘲笑她说："落选了吧？人家不要你吧？"金铃就扬起头，只从眼角里冷冷地看他，一副"无可奉告"的模样。倪志伟便不敢再说下去。

十八　狼狈的模拟考试

　　开学才一个月，升学考试的序曲就紧锣密鼓地奏响起来。校长仿照天安门广场上的"香港回归日倒计时钟"，在教学楼一楼的楼梯口制作了一个活动日历牌，上面写几个醒目的大字：距小升初入学考试还有×××天。

　　语文老师一上讲台，说的第一句话便是：还有3个月零10天。

　　数学老师上台，开口也是：还有94天零16小时零35分。

　　英语老师走进教室，马上用英语问一句：6月28日是什么日子？

　　一次，尚海实在憋不住了，在底下接着英语老师的话小声嘀咕一句：宣判日。

　　谁知英语老师年轻，听力特别好，竟准确无误地听见了这句近似牢骚的嘀咕。她的高跟皮鞋一路嗒嗒的响着，面无表情地站立在尚海面前，问他："你刚才说了什么？"

　　尚海在班上一向以胆小著称，顿时吓得嘴唇发白，站起来结结巴巴地说："没……没说……"

　　英语老师将目光转向金铃："你来替他回答，他刚才说了什么？"

　　金铃慢慢地站起来。她这一刻真是为难：不说吧，有撒谎之嫌，况且老师都已经听见了；说吧，又觉得出卖了朋友，会被同学视为叛徒。她咳嗽一声，故意将眉毛痛苦不堪地皱成一团疙瘩："刚才……刚才……有只小虫子飞到我耳朵里去了。"

　　英语老师气得白了脸："好，你们都学会了互相包庇！我找你们班主任去。"

　　她课也不上了，扭身就走。于胖儿离开座位，追上两步，探身到教室门外看看，挤眉弄眼地报告尚海："真的是往办公室走了。"

　　尚海刚坐下去，一听这话又站起来，两手死命捂住裤

208

裆,一边哭丧着脸说:"我要上厕所! 我忍不住了! "一边慌慌张张冲出门去。

全班哄堂大笑。金铃鄙夷地撇撇嘴说:"真丢人,小便都吓出来了。"

结果是邢老师一个电话叫来了尚海的妈妈,老师和家长联手,把尚海批了个狗血喷头,又逼着他立刻找英语老师道歉,一场小小的风波才算平息。

以后老师上讲台再说"还有×××天"这句话时,全班同学就同时将上身坐得笔直,双手反背在身后,脸紧绷,目直视,做出一副听候宣判的模样。所有老师都不知道这是他们私下商量好的暗号,还以为坐得笔直是因为大家心里重视考试呢。

三天一小考,五天一大考,每天还有大量的试卷发给大家带回家完成,学校打印室的老师忙得脚丫朝天,揉着通红的眼睛找校长要辞职。校长就想出另一个主意,要求各班班主任发动学生家长帮忙,凡是单位里有复印机的,量力而行帮助班里复印试卷,一月一次也行,一星期一次更好。每班50多个人,100多名家长,排下来应该绰绰有余了。

邢老师在班里统计能够帮助复印试卷的家长时,金铃也不甘落后地举了手。回到家里跟爸爸妈妈一说,卉紫先表了态:"这事可别找我,我们单位小,没有复印机。"

金亦鸣说:"我们系里倒有,可是复印资料要付钱,本系师生优惠价是每张三毛。"

金铃连忙说:"三毛多便宜啊!外面复印要五毛呢。"

金亦鸣对卉紫摊摊手说:"这算怎么回事?全班学生的卷子要由我一个人承担复印工作,哪儿对哪儿啊?"

"那你们想不想我考上好学校呢?"金铃立刻追问一句。

金亦鸣无话可说了,想了想,嘀咕一句:"全班50多个人,复印一次试卷,要花掉我一天的工资收入。"他摇着头,表示对学校里的做法不可理喻。

3月底,学校里为六年级毕业生举行了一次模拟升学考试。考的是数学。按正式考试的规定,每张桌子只坐一个学生,教室前后都有监考老师,窗外有流动监考人员来回巡视,上厕所另派专人陪同。考卷上也写学号,考完收卷时当场封死,最后由学校教务处专门组织老师集中阅卷,以免各班任课老师作弊。

考试前一天,数学张老师站在讲台上严肃地看着大家,说:"都给我听着!只许成功,不许失败!模拟考试基本上能体现正式考试的难度,所以,你们明天考出什么分数,到升学考试也差不多就是这个分数了。我教了这几年毕业班,心里是有准头的。胡梅!刘娅如!倪志伟!"

被点到名的三个人不知何事，赶紧站起来，面面相觑。

张老师说："你们三个，要确保98分，争取100分。我们班冲击外国语学校的希望就在你们身上了。"

三个人如释重负地坐下来，脸上不免都有些得意。倪志伟左顾右盼的，一副眉飞色舞的模样。

金铃就不服气，心里想：如果他们失手了呢？如果我能超常发挥了呢？当老师的怎么可以把人看死？分明是瞧不起人嘛！

正胡思乱想着，忽然尚海捅她的胳膊，原来张老师点到了她的名字。

张老师很愤怒地看着她："思想又开小差！到这个时候你还心不在焉？你到底想拿个什么分数？"

金铃脱口而出："100！"

底下就有了哧哧的笑声。

金铃涨红了脸，忿忿地喝道："笑什么笑！"

张老师的脸上反倒浮出笑容，拍拍手说："好，有志气！可是要保证不能粗心。粗心是你最大的敌人，打死这个敌人，你就能胜利。知道不知道？"

金铃说："知道。"

张老师挥挥手："坐下吧。"

接着张老师又分别叫起了尚海、于胖儿、杨小丽、李小娟一些人，指出了每个人的致命弱点，叮嘱他们一定不要掉以轻心。

一堂普普通通的数学课，被张老师弄得活像战前紧急动员。

金铃很兴奋，晚上脱了衣服上床之后久久不能入睡，两眼睁得大大的望着房顶，过一会儿忽然哈哈大笑起来。

卉紫在外面听见金铃傻笑，心里很吃惊，以为女儿是紧张过度发了魔症。她丢下手里的东西推开金铃的房门。

金铃仍旧在笑，眼睛弯成了月芽儿，嘴巴嘻开成了花骨朵儿，笑声欢快如山涧流下来的泉水，清朗朗的，一串串的，溅出晶莹剔透的水花。

卉紫心惊胆战地踮着脚过去，轻轻地拍拍金铃的脸："金铃，金铃！你怎么啦？"

金铃嘻开嘴望着妈妈："我在笑呢！我心里很快乐！"

卉紫忧心忡忡地自语："怎么回事？明天是模拟考试，该紧张得吃不下饭才对，有什么可笑的？真是中魔了？"

金铃说："我在想后天评卷子的情景。"

"后天评卷子？"

"每次考试都是隔一天就评卷子。老师走到讲台上说，他很高兴，笑眯眯的，因为别的班级最高分是98，只有我们班有一个同学考了100。"

卉紫说:"这跟你有什么关系? 你笑什么?"

"听我说呀! 老师把卷子反过来扣在讲台上说,让我们猜猜是谁得了 100 分。大家就乱猜一气:胡梅、刘娅如、倪志伟……老师摇摇头说:'不对,不是我们班上从前的好学生。'大家一听,呀,可不得了! 赶快从后面往前猜,从最差的猜起:李林、王小山、古有威……老师又摇头:'还不对。'大家心里着急了,到底是谁呢? 全班的人你看我,我看你,样子可滑稽了。最后老师才笑眯眯地说了个名字,妈妈你猜是谁?"

卉紫茫然地问:"是谁?"

金铃一骨碌从被窝里坐起来:"智商真低! 我提示了这么半天,你还猜不出来? 就是我呀! 金铃同学嘛!"

卉紫哭笑不得。这孩子一个人躺在床上哈哈大笑了半天,原来想的是这样一桩美事!

卉紫摁着金铃的肩膀,让她重新睡下去,又替她塞好被子,说:"看起来你还是挺向往考个好分数的。"

金铃抗议道:"妈妈你什么意思? 难道我不想做好孩子吗?"

"可你总是这么一副漫不经心、丢三落四的样子,不是算错题就是写错字,像个做好孩子的样子吗?"

金铃把头缩在被子里,半天都不说话。后来她轻轻叹着气说："我真是恨我自己，我每次都想考 100 分，每次都想超过胡梅和刘娅如，做全班第一名，为什么偏偏就做不到呢？人想实现自己的愿望为什么这么难？"

卉紫跟着叹口气，实在不知道该怎么深入浅出地回答女儿这个问题。卉紫想，等金铃长大成人以后，有过太多的梦想、碰过太多的壁以后，就会知道理想和现实之间有着多么深的一条沟壑！人的一辈子就是要努力跨过这条鸿沟，只不过能跨过去的实在寥寥无几啊！

第二天风和日丽，老天爷仿佛故意要送给大家一个好心情似的。因为去考试，不准带书本笔记，金铃肩上的书包便显得轻飘飘的，简直有那么点休闲旅游的意味。一路上碰到一些在街上玩的一二年级学生，为了腾教室给六年级模拟考试，学校把他们统统放回家了。不是要求考试时每人坐一张桌子吗？

金铃在校门口碰到了迎面过来的杨小丽。她缩着头，皱着眉，嘴巴里叽叽咕咕念着什么。

金铃笑着朝她打招呼："嘿！念什么咒语哪？"

杨小丽一看是金铃，如逢救星，扑上去抓住金铃的胳膊："我的天，快告诉我，整数是不是自然数？我忘了，全都忘了！"

金铃说："自然数都是整数，可是整数并不全是自然数，因为整数中包含有'0'，而'0'不是自然数。"

"如果比例尺一定,实际距离和图上距离成什么比例？"

"正比例呀！昨天不是刚复习过吗？"

杨小丽死死抓住金铃的胳膊，几乎要哭出来："我昨晚还背得滚瓜烂熟，可今天早上全忘了，真的全忘了！"

"怎么会呢？"金铃耸耸肩膀，把快要被杨小丽抓下来的书包带子扶正。

杨小丽恨恨地跺着脚："都怪我妈妈，早上她逼着我喝牛奶，我一恶心就吐了，把记在心里的概念题全吐出去了。"

金铃像个大人似的拍拍她的手，安慰她说："你太紧张了。先别想考试，我们说点儿别的，好吗？"

杨小丽刚来得及点了个头，后面响起啪嗒啪嗒的脚步声。于胖儿把书包的两根带子背在同一侧肩上，拖拉着旅游鞋的两根鞋带，气喘吁吁地追上她们。

"迟到没有？啊？迟到没有？"他喘着气，一张脸因跑步而涨成深红色，每一个毛孔都充血的样子。

金铃伶牙俐齿地回答他："迟什么到呀？没看见我们也在走吗？你要是迟到，我们可不是都迟到了？"

于胖儿拍拍胸口："吓死我了。我妈昨晚忘了给闹钟上发条，睁眼一看已经七点钟了，吓得我早饭也没吃，一路跑步赶过来的。"又说："万一迟了到，张老师一定会把我杀了煮肉吃。"

金铃说:"你这么胖,肉一定好吃。"

于胖儿回击她:"你自己呢?"

杨小丽这才笑了,脸上没有了紧张的神色,眉眼也活泼起来。

倪志伟是最后一个进教室的。班上另一半同学这时已经下楼去了一年级的教室。倪志伟一跨进教室门就嗅着鼻子:"什么味道?谁的脚这么臭?"

于胖儿慌忙弯腰把脚穿进旅游鞋。

倪志伟故意皱紧眉头:"于胖儿你是存心不良,想污染空气,让我们中毒昏倒,你自己一个人拿高分吧?"

于胖儿急得跳起来,赌咒发誓:"小狗才这么想!"

倪志伟笑出一副坏样子:"开个玩笑嘛,急什么急?"

他走过去,乒乒乓乓把教室两边的窗户全打开了,说是要透透空气,保持清醒头脑。

毕竟才 3 月底,两边窗户一开,冷风吹进来,飕飕地让后脑勺发凉。金铃想提出抗议,又想到吹凉风或许真会让头脑清醒,就忍住没说。

上课的电铃很快就响了,尖锐而凄厉,冷不丁叫人心里一抖。金铃回头看杨小丽,她已经再一次脸色苍白。金铃便伸出食指和中指,做个"V"字形的手势,对她用劲晃了晃。杨小丽看见了，勉强朝金铃点点头，表示懂得了好朋友的意思。

主考老师是学校教务处的杨主任。他是个面色庄严的中年人，终年紧闭嘴角不苟言笑，目光偶尔对人一瞥，尖尖的锐锐的，刺得人脸上肌肉一颤。新华街小学的学生个个怕他。

他走进教室，简短地说了几个字："开始了。"他就开始发考卷。考卷是地地道道的铅印卷，这就使本次考试的分量越发沉重起来。

教室里没有人说话，连咳嗽的声音也没有，只听见一片传发试卷的窸窣声，再就是监考老师走来走去的轻响。

金铃牢记老师交待过的事项，首先在卷首写上了自己的姓名和学号，而后用一分钟时间把试题浏览一遍。

总共是 10 道填空题，每空 1 分；5 道判断题，每道 1 分；5 道选择题，每道 1 分；12 道口算题，8 道计算题，2 道文字题，1 道图形面积计算题，总共 40 分；8 道应用题，40 分。限在 100 分钟内做完。

金铃用劲眨着眼睛，她感觉自己老毛病又要犯了，一看到这些复杂的数字就头昏脑涨，眼冒金星。她咽一口唾沫，心里一个劲叮嘱自己：稳住！稳住！仔细看题目，争取拿满分！争取胜利！

先做填空题。相对而言填空题总是简单一些。

第一道：一个数是由 2 个 10 和 5 个 0.01 组成的，这个数是（　）。

金铃先填一个"20.005"。用笔尖数数小数点，觉得不对，擦掉，重填一个"20.05"。再数一遍，对了。

判断题很绕人，头脑一不清醒，就会被它绕进去了。侥幸的是头一道是杨小丽刚才在路上问过她的：因为自然数都是整数，所以整数都是自然数。对或者错？

金铃毫不犹豫打上一个叉。这一分毫无疑问是拿到手了。金铃自喜地想：我怎么这么英明？昨天偏偏记熟了这道！

选择题问题不大，有现成的答案可供选择，蒙也能蒙对。

口算题。这一项基本上是送分的题，如果错了，只能怪自己命该如此。

计算题，最要金铃的命。一般同学都是在计算题上拿分的，但这一项是金铃的克星，她简直就不可能不让这些该死的数字出错。她紧张得浑身出汗，眼睛几乎贴在了题目上，用劲盯牢每一个数字，不让它们在眼前摇晃和跳舞。每一步竖式，她都算了三遍以上，一共用掉五大张草稿纸。

应该不会错了。再错一题她就不叫金铃！

应用题。前面的几道照例比较简单，从第六道开始，难度逐渐加深。有一题是这样的：第一小组的工作量是第二小组的三分之二，第一小组人数正好与第二小组人数的比是5：7，工作两天后，第二小组恰好完成任务，第一小组超额完成两人干一天的工作量，求两个小组的人数各是多少人？

又是求工作量的问题，又是求比的问题，出题目的老师怎么就这么狠心？

金铃用圆珠笔在课桌上写了三个大大的字：不讲理！

金铃刚写完，身后脚步声响起来，偷眼往后一瞄，是监考老师杨主任！金铃吓得赶紧把试卷往上一盖，遮住了那三个不能见人的字。

杨主任像是看见了什么似的，停在金铃身后好一会儿才走。金铃就将半个身子趴在试卷上，一动都不敢动。

好不容易等脚步声走过去了，金铃慌忙找橡皮，要擦去桌上的几个字。先抬起衣袖，不见橡皮压在胳膊下；又抬起试卷，仍是没有橡皮的影子。哪儿去了呢？天哪，小东西自作主张地滚到别人桌子下面去了。

金铃把整个身子钻到课桌下，伸长胳膊去拾橡皮。从北边的窗外忽然吹来一阵小风，把金铃摊开在桌上的考卷轻飘飘吹了起来，像一张阿拉伯的魔毯似的，轻摇着，慢晃着，在教室半空中飞舞摇荡。

眼尖的于胖儿首先叫起来："哎呀！谁的考卷！"

金铃跟着爬出桌肚大叫："哎呀！我的考卷！"

李林正做不出应用题来，坐在位子上抓耳挠腮呢，这么好玩的戏剧性场面岂肯放过！他跳起来就去抓那张卷子，又因为起身太猛，屁股拱翻了自己的桌子，他自己的考卷也轻轻地飘落出去，贴着地面滑出好远。李林却舍己救人，放着自己的卷子不管，不屈不挠地去追金铃的那张。

金铃以为李林是想趁机偷看她的答案，这时候也急了，跟着起身，离开座位抢先扑上去。却不料南面窗户又吹进来一股风，两股空气对流，竟把试卷托上更高的地方。而后试卷长了眼睛似的向窗外飞去。

满教室大乱，所有的眼睛都离开了自己的卷子，跟着那张白色"魔毯"转来转去，嘴里发出惊叹声、嬉笑声和催促金铃"快追！快追！"的声音。几个素来调皮的捣蛋鬼甚至已经站起身来，随时准备奔上去助金铃一臂之力。

不苟言笑的杨主任此时再也无法保持冷静，慌慌张张登上讲台，连声地喊道："封卷！封卷！"又用眼色和手势吩咐后面的另一个监考老师执行命令。两个人手忙脚乱地把学生未做完的考卷挨个儿抓过来，在手里攥成一大团。

金铃的考卷在南边窗台上略微停顿了一下，又被走廊尽头吹来的风带着沿走廊向西飞去。经过下一个教室的窗口时，它探头探脑往里瞟了一眼，竟身不由己地被窗口里的风吸了进去。原来二班教室这天也是开了窗户的。

这回轮到二班秩序大乱了。在枯燥烦闷恼人的考试中碰上如此有趣的"天外来物",谁能按捺得住心中的兴奋和惊喜呢?于是,二班教室里哄闹一阵过后,监考老师也无可奈何地封了卷。

四个毕业班,分散在八个教室里模拟考试,竟有两个教室的试卷统统作废,可见出的纰漏之大。校长在办公室里大声责问道:"这如果是正式考试呢?嗯?一个教室出了乱子,全区的考卷统统没用,我们怎么向上级交代?怎么向学生家长交代?那时候怕是哭都来不及!坐牢都够了!"

校长的话把老师们说得一个个毛骨悚然。邢老师和数学张老师联合把金铃喊到办公室来谈话。金铃很无辜地申冤:"能怪我吗?是风吹的呀!要怪也只能怪开窗户的人。"又小声嘀咕:"我本来是能得 100 分的。"

邢老师和张老师想想也不错,这事确实怪不到金铃。于是又追究是谁开了窗户,大家众口一词地把倪志伟推了出来。

倪志伟同样一脸无辜:"老师没宣布考试不准开窗户嘛。说了吗?有人听见了吗?我是好心要让大家透透空气,让头脑清醒的。"

谁也没错,全是春风作怪。金铃想起看过的书中有这么一句古诗，好像是说什么"清风不识字，缘何乱翻书"，她在课堂上就忍不住扑哧一声笑出来了。

古人真聪明，她笑眯眯地想。人家在几百年前就知道了小学升初中的模拟考场上会有这么喜剧性的一幕。

十九　老师病了

　　邢老师病得很奇怪，好好的一个人，本来坐在办公室里改作文本的，忽然间天旋地转，人跟着咕咚一声跌倒在地上，把额角都磕破了一块。教英语的景老师、教历史的申老师、教自然的任老师吓坏了，大呼小叫的，有的扶她起来，有的掐她人中和虎口的穴位，有的飞奔去喊校长。

　　学校里没有汽车，叫救护车又怕吓坏了上课的孩子们，只好由力气最大、年纪最轻的体育老师把邢老师抱上自行车。体育老师在前面慢慢推着，景老师和申老师在后面一边一个挟住邢老师的胳膊，把她送进了医院。

检查结果却是什么毛病都没有。血压正常，心跳正常，体温、白血球、血脂、血糖，甚至大小便，统统正常。怪了！

邢老师听说一切正常，就挣扎着要出院。她放心不下班上的孩子们。岂料人往办公桌前一坐，翻开第一本作文本，头又昏起来，耳鸣不断，额头沁出一层虚汗。

教自然的任老师恍然大悟地说："我知道邢老师是什么病了！她这是'见字发晕'，是改本子改得太多了，就像过年吃肉吃伤了脾胃，再见了肉就恶心一样。"

邢老师试一试，果真如此：离开本子走到窗前就觉得舒服，再回到本子堆里还是晕眩。

没有办法，邢老师只好卧床休息。休息也不放心回家去休息，只肯在借住的教具室里躺着。

山中无老虎，猴子称霸王。这一下六年级一班的学生们可算是逮着机会了。好学生们还能管得住自己，调皮的孩子简直就快活得不知道本人名字是怎么写的。

于胖儿连着迟到了两天，每次都是早读铃响了之后，他才一边趿拉着旅游鞋满头大汗地冲进教室，一边申明："我妈又忘了开闹钟了！"然后坐下来，从书包里掏出一个香喷喷的煎饼夹油条，装模作样读几句书，俯下头去咬一大口，再读几句书，再咬一大口，嚼得满教室都是油条的香味。上早读课的老师若是干涉，他就振振有词地说："我妈说了，不吃早饭脑子里就没营养，没营养的脑子怎么能听课学习？"老师一想，也对呀，于胖儿听不进课，学习成绩落下来了，还不是自己要费事帮他补吗？也就睁只眼闭只眼算了。

李林本来就有点多动症。上音乐课时，老师弹琴让大家唱新学的一首《送别》，李林的公鸭嗓子声音很响地走了调，前面一个同学回头笑了一下，他马上用手里的竖笛敲人家后脑勺。音乐老师尖声尖气叫起来："不得了！上课的时候竟敢行凶打人！"她过去拉李林，要请他出教室。谁知道音乐老师娇小玲珑，李林却是人高马大，她伸手一扯，非但没扯动李林分毫，却被李林反手拉得踉踉跄跄，差点儿跌进李林的怀里。全班哄堂大笑。音乐老师白嫩白嫩的脸上飞出两团红晕，简直就窘迫得无地自容。

尚海的小聪明劲也算是找到机会施展了。自然老师上课讲植物的生殖系统时，他尖着嗓门插了一句："生殖器？"把李林笑得从座位上滚落下去。女生们也想笑，又不好意思，就一个个用衣袖捂着嘴，趴在课桌上，肩膀一耸一耸。自然老师"啪啪"地用教鞭敲着讲台："有什么好笑的？这是植物自然构造！"尚海就装糊涂："为什么会这样呢？"教室里更是笑成了一锅粥。自然老师气得头发都竖起来，把手里的一根教鞭也敲断了。

金铃在班上不算好学生，可她不想在邢老师生病的时候放纵自己，她觉得李林和尚海的做法有点可耻，像趁火打劫，不那么光明正大。别人上课时东倒西歪笑成一团时，她绷住脸不笑，有意把身体坐得笔直，双眼灼灼地盯住老师，仿佛在说："还有我在听着呢！"任课老师便觉得金铃这孩子还是挺仗义的，危难时候不会做落井下石的事。

金铃重感情。邢老师平常对她不是特别好，因为她在班上是一个挺一般的学生，做老师的一向喜欢几个学习上的尖子。可是邢老师一病，几天没在教室里露面，金铃心里还是很想她。况且邢老师是为他们班级累病了的，金铃总觉得自己也有一份责任，心里不是滋味。

金铃对杨小丽说："我们去看看邢老师吧。"

杨小丽犹豫地问："被别的同学看见了，不会说我们拍马屁吗？"

"说就说，怕什么？反正我又不想当保送生。"金铃一脸坦然。

杨小丽想了一会儿，还是决定不去。因为这两天副校长代上语文课时，给她的作文批了个"不及格"，她很怕邢老师问起作文的事。

不去就不去吧，金铃又不要她驮着抱着，一个人就不能走进邢老师的小屋？

中午上学时，金铃比平常提早了半小时出家门。路过校门口的鲜花摊，金铃看见那一桶桶盛开的红玫瑰、紫色勿忘我、白色满天星、金黄色秋菊和淡绿色的马蹄莲，心里好喜欢。

摊主是个40多岁的有点拐脚的男人，他一跛一跛忙着用水壶给鲜花洒水。看见金铃痴痴地站在花摊前不走，他随口问了句："想买花？"

金铃不好意思地用手指着塑料桶里的大捧康乃馨："这花多少钱一枝？"

摊主头也不回地说："就买一枝呀！给一块五毛钱吧。"

金铃就掏口袋，掏出了一块钱。这还是她中午向妈妈要来买橡皮的。她又在书包的夹层口袋和各个角落里掏摸，摸出一枚一毛钱的硬币和一张皱巴巴团成烂抹布样的毛票。

"只有一块两毛钱。"她小声说。

摊主斩钉截铁地回答："不行，我不能做亏本生意。这花从哪儿来的你知道吗？昆明！从昆明空运过来的！多远的地方，多不容易保鲜！"

金铃咬住嘴唇，眼巴巴地看着那些娇艳欲滴的花，舍不得走开。

摊主有点心软了："要么，丢下你的钱，拿一朵这个去

227

——稍许萎了点，可看上去还是朵鲜花。"

金铃瞥一眼摊主指定的花。那花的叶子都已经耷拉下来了，花瓣的边沿也有些发黑。她摇摇头。

"你这孩子！好花又没钱买，萎花又不肯要。算了，有这一块两毛钱，买包梅子吃吃吧。"

金铃说："我想买花。"

摊主笑起来："买花干什么呢？送男朋友？你还没到年龄。再说也该男孩子送给你才对。"

金铃说："我送老师。我们老师生病了。"

摊主不笑了，关切地盯住金铃："哪个老师？你们新华街小学的老师我全认得。"

"是我们邢老师。"

"我的天哪！"摊主惊叹一声，"她做过我儿子的班主任！"

他弯腰从水桶里捞出一枝最鲜活最红艳的康乃馨，又转身找包扎花束的塑料纸，在红色鲜花旁边配上一枝白色满天星，很娴熟地包扎起来。他责怪金铃说："怎么不早说？胆不壮，嘴还笨！"

金铃反驳他："我没钱，胆子怎么壮？"

摊主说："也是，财大才能气粗。"

他把扎好的花束递到金铃手上："拿去吧，免费，算我送的。"

金铃就踮着脚尖走过去，轻轻在床边坐下，生怕一不小心碰疼了老师。

邢老师小声惊呼："啊，你还带来了花！太漂亮了！老师生病之后，还没有一个人想到给老师送花呢！"

金铃要付给他一块两毛钱，他不肯收。金铃把钱往花摊上一扔就走了。

因为不到上学时间，校园里冷冷清清。金铃不好意思将花束举在手里让人看见，就解下红领巾包着，遮遮掩掩地往教学楼后面走。

教学楼后面有一排简陋的平房，其中第三间是邢老师借住的小屋。金铃把耳朵贴在门上听了听，里面悄无声息。她试着伸手一推，门是虚掩着的。她从门缝里看见邢老师裹着被子躺在床上，头发散乱地披着，面色黄黄的，眼眶深陷下去，嘴唇也苍白得有点可怕。

邢老师听到了门口的声音。她本来是在闭目养神，所以听觉特别敏锐。她睁开眼睛，马上看到一张圆圆胖胖的脸蛋挤在门和门框之间，就笑起来："是金铃吗？进来呀！"又拍拍自己的床沿说："来，坐到老师身边来。"

金铃就踮着脚尖走过去，轻轻在床边坐下，生怕一不小心碰疼了老师。

邢老师小声惊呼："啊，你还带来了花！太漂亮了！老师生病之后，还没有一个人想到给老师送花呢！"

金铃高兴得眼泪差点儿要掉下来。

邢老师跟着就问起班上的情况：纪律怎么样？任课老师有什么看法？都有谁被叫到办公室谈话了？数学和英语测

验过了吗？在全年级排名第几？

金铃挺懂事，知道病人是不能生气的，就小心翼翼拣些不那么严重的事情来说，偶尔还耍点小手腕，把坏事说成了好事，还充分发挥她的语言才能和想像力，添油加醋，绘声绘色，说得邢老师笑眯眯的。

"哎呀，我都差点儿忘了问，今天下午的自习课，你们是怎么安排的？"邢老师从床上撑起半个身子。

金铃说："数学老师和英语老师都在别的班上课，让我们随便做作业。"

邢老师有些着急："这怎么行？随便做作业，可不就是放鸭子了？"她想了想，对金铃说："你去，替我当一次小老师，布置大家写一篇作文。"

金铃心跳起来，有点不敢相信自己的耳朵："我去？是我吗？"

"为什么不能是你？"邢老师慈爱地看着她，"全班就数你作文最好，你布置作文最合适。"

金铃的眼泪差点儿又要掉下来了，结结巴巴地问："那么……那么……写什么题目呢？"

邢老师很轻松地说："写什么题目由你定。你是老师。"

金铃紧闭住嘴，要费好大的劲才能使自己不至于激动得哭出来或者笑出来。

出了邢老师的小屋，往教室走的路上，金铃一直在绞尽脑汁地想怎么出一个既新鲜又别致的作文题目。写《我心爱的×××》？不好，太幼稚了，像三年级学生写的；写《红领巾伴我长大》？也不好，比较难写，金铃自己就最怕写这类题目的作文；《春天的脚步声》？《告别母校之前》？《为我的理想插上翅膀》……

天哪，原来出作文题目也是件挺不好办的事呢！

她走进教室时，才发现班上果真"放了鸭子"。李林那些男生就别说了，连李小娟和张灵灵这些女生都张扬得控制不住，身子转前转后扭成了麻花条，跟这个说几句，逗那个笑几声，忙得不亦乐乎。

金铃站在教室门口定一定神，用劲把面皮绷紧，迈着一种很别扭的庄重的步子走上讲台，顺手拿起讲台上的新教鞭敲了敲。

"都安静下来！请安静！现在我要布置作文题目！"

倪志伟"呀"的怪叫一声："你布置作文？你算老几？"

金铃目光炯炯地看着他："我没有资格吗？是我的作文不如你，还是你存心抗拒邢老师的命令？"

倪志伟无话可说了，身子矮了下来，嘴里嘀嘀咕咕。

金铃不依不饶，大声追了一句："态度不好，小心我改作文时扣你10分！"

倪志伟慌得一下子又把身子坐直起来。

班上很多同学就很兴奋，因为金铃很解气地制住了一向瞧不起人的副班长。尚海甚至把拇指和食指塞进口中，打出一个不很响亮的唿哨。金铃狠瞪他一眼，大喝一声："尚海！"尚海连忙抽出手指，做一个鬼脸，坐得毕恭毕敬。

金铃选了一支红色粉笔，转过身去，在黑板上一笔一划写下了今天的作文题目：《我真想……》。

第六个圆点刚点完，于胖儿已经在下面大叫："这题目太难了！"

金铃回了身，放下粉笔，拍拍手上的红色粉灰，学着老师的口吻说："难什么？肯动脑筋就不难！"

于胖儿嘟哝："我肯定写不好，不可能超过 200 个字。"

"不行，每人不少于 600 个字。"

"400 个字！"

金铃生了气："我说了 600 个字就是 600 个字，少一个字都算不及格。"

于胖儿绝望地说："将来你要是当了老师，你的学生肯定会自杀。"

金铃不再理他，拿出自己的作文本，趴在讲台上自顾自地写起来。其他同学看金铃这样，倒真的不敢调皮捣蛋了，一个个构思的构思，写的写，满教室一片笔尖接触纸面的"嚓嚓"声。

整整两节自习课，竟没有人东张西望或是起身走动一下，真是奇了。

晚上回家，卉紫见金铃抱回来一大摞作文本，很是惊奇，就问是怎么回事。金铃故意做出不经意的模样，轻描淡写地说："没什么，邢老师叫我帮她上了一堂作文课。"

卉紫惊喜万分，有些大惊小怪地围着女儿问长问短。金铃被问得烦了，说："当过小老师的又不是我一个！"卉紫这才头脑清醒起来，觉得上一堂作文课的确不算什么伟大得不得了的事。

这天的作业金铃做得非常快，加起来不足半个小时。原来，只要她全神贯注，还是可以把作业完成得快一些、好一些的。

接下来批改作文的工作就相当神圣了。金铃在班上以错别字特别多著称，可是她批改别人的作文时却目光敏锐、下手准确，每一个错别字都分辨得清清楚楚。病句、读不通顺的句子也不能从她手下逃掉，她在这里一圈那里一改，总能有办法让那些句子排列整齐得像一队纪律严明的士兵。她给每篇作文打分时也尽量公允客观，既不徇私留情，也不图谋泄愤。比如她给杨小丽的作文只打了 75 分，而倪志伟的一篇却是 85 分。

全部工作做完，已经将近深夜 12 点，把卉紫心疼得什么似的。

第二天中午，金铃又去了邢老师的小屋。邢老师的气色已经好些了，她女儿刚刚来给她送了饭。她喝了一碗排骨汤，还吃了些蔬菜，嘴唇红润润的。

金铃把作文本堆在邢老师床前，一本本地讲给她听：这个为什么不及格，那个为什么打了高分；谁的错别字太多，谁的句子简直没法读通。碰到写得精彩的段落，她忍不住就要给老师读一段。她是真心喜欢这些描写准确的文字。

"都很好。"邢老师说，"真的很好。你改得棒极了，评分标准也没问题。"

金铃这时候才犹豫起来，期期艾艾地说："还有一件事，我必须要告诉你。"

"你说。"

"就是我的作文……我的作文……"

邢老师笑着说："真的，你自己的作文还没说到呢。"

金铃垂下头，不敢用正眼去看邢老师："我给我自己的作文打了 90 分。"她又急忙抬起头来，"可是我觉得我应该得到这个分数！我的确写得比他们都好！"

邢老师笑嘻嘻地问："是吗？让我看看，可不可以？"

金铃抽出自己的作文本，递到邢老师手上。邢老师才看了第一行字，马上又头晕目眩起来，连忙把本子合上。金铃说："我读给你听吧。"

金铃就充满感情地读了自己的作文：

我真想为你造一片森林

我怎么又见到了你这双悲哀的眼睛！

你奄奄一息地蜷缩在马路旁，翅膀上的羽毛秃了，露出紧贴住身体的细细的灰色绒毛；一条腿已经折断，无力地耷拉下来；头顶和颈部有血，早已和羽毛一起结成了硬硬的血痂。你可怜地蜷缩着，全身都在不住地颤抖。一双眼睛就这么悲哀地看着我，眼光里满是惊恐和凄凉。

昨天我看见你的时候，也是在这样黄昏的时刻，也是在这车水马龙的路边，可你还不像今天这么狼狈。你的羽毛还算完整，腿没有折断，头顶和颈部也没有出血。你被几个顽皮的孩子追逐着，在地上蹒跚地挣扎挪动，却是无论如何飞不到天空。我不知道你是怎么了，是冲不破这城市里高楼林立的陷阱吗？或者把路边耸入云天的玻璃幕墙错当做你美丽的家园，糊里糊涂一头撞上去，才使得你现在头晕眼花、步履蹒跚？再不然就是被马路上弥漫的汽车废气熏得呕吐了？生病了？总之你现在失去了飞翔的能力，眼看着就要沦为顽皮孩子手中的玩物。也就在那时候，你走投无路间把头扭来扭去的时候,我和你的目光相遇了。

这是一双怎样悲哀的眼睛啊!我这辈子只在电视里非洲难民儿童的脸上见到过。这双眼睛里充满着对生的绝望,对死的恐惧。我可怜你。在我们居住的城市中,人类都时刻感觉到拥挤、紧张、污染和喧闹等等的不适应,何况小小的、柔弱的你!

我决定要救你。我奋力上前驱走了那群孩子,小心地托起你的身体。你惊慌地叫了一声,大概害怕我是这城市里的又一名施暴者。可我的抚摸使你很快安静下来,你偏过小脑袋细细地看我,像是要永远记住我的面孔。我带你到了附近的停车场,把你放在车库顶上。我想让你在房顶上休息一会儿,缓过气来,然后重回蓝天,飞到适合你生存的地方。后来我就走了,因为我还要忙着回家做作业。

可我今天怎么又见到了你呢?你终于没能逃脱那群顽皮孩子的魔掌吗?瞧他们把你伤害得多重!你真傻,如果不能飞,干吗不把自己藏起来?你不知道自己是注定要被这城市吞没的生物吗?

我只好第二次把你从路边托起来。你在我手心里艰难地喘息着,失去羽毛的翅膀轻轻掀动,仿佛想最后飞一次。可你终于耷拉下脑袋,死了。你死不瞑目,嘴巴也微张着不肯合上。你想说什么?控诉人类用林立的大楼、高耸的烟囱和高速公路、铁路破坏了你和你家人的生存环境吗?还是埋怨上帝没有把你造就得更强大一些？

　　托着你温热的小小尸体，我的眼泪夺眶而出。如果我是巨人，我真想为你造一片森林，那应该是你最美好的家园。你可以在林中快乐地做巢、鸣叫、生儿育女、歌唱春天。那里有世界上最新鲜的空气，最自由的天空。你喜欢那样的地方吗？

　　可惜你死了，你再也听不见我的心声了。

　　金铃读完，眼泪顺着脸颊扑簌簌滚下。邢老师的眼角也有些湿润，用枕边的纸巾擦了擦，又递一张给金铃，赞叹说："多好的作文！写得太好了！太有感情和思想了！如果没有错别字，该打 100 分才对。"

　　金铃舔了舔嘴角边的眼泪，小声说："谢谢。"

　　邢老师翻过身，两眼凝视房顶，半天才悠悠地说："你真是个奇怪的孩子。你善良、正直、宽容、大度，又有一颗悲天悯人的高贵心灵，艺术上的感觉又这么敏锐，为什么学习成绩偏偏提不上去呢？你整天心里在想些什么呢？能告诉老师吗？"她回过头，盯紧了金铃的眼睛。

　　金铃避开邢老师的凝视，轻声说："我什么都不想，只想做个好孩子。"

　　邢老师说："你已经是好孩子了。"

金铃咬住嘴唇，表示不相信。

邢老师又说："真的，你已经是好孩子了。一个能写出这么好的文章的学生，凭什么不能称为好孩子呢？老师现在已经想得很通，好孩子的内涵太丰富，它不全是由 100 分组成的。老师相信你将来能做成了不起的事，是一个外表平凡而灵魂伟大的人。好好努力吧，金铃同学，好孩子！"

邢老师伸出一只瘦削的手，把金铃胖胖的软软的小手一把抓住，捂在自己胸口。

金铃嘴角一翘，不好意思地笑了。一边笑，一边眼泪又止不住地往下滚。

二十　求教无门

　　4 月底，区教育局组织所辖各小学毕业班进行了一次
"摸底考试"。说是"摸底"，其实就是要给各学校的总成绩
排个名次出来。校长们都很紧张，生怕自己的学校落后。
一旦落后，自己脸上无光倒是小事，关键是明年的生源就
成了问题，明年的拨款也成了问题。生源不好，经费不足，
老师提不起干劲，学生成绩更会滑坡。这是一种恶性循环，
一旦发生，学校就算毁了。

　　考了语文、数学、英语三门主课。新华街小学的总平均

分是 260 分，在全区小学中排名居中，不好也不差。

校长很着急，马上召集全体教师开会。校长说："排名居中说明了什么？说明我们学校的毕业生能升入重点中学的至多只占三分之一！三门功课平均每门 87 分，在过去该算很不错了，可是今年的竞争很激烈，一年比一年激烈！我们不在人前必在人后，这是毫无疑问的，思想上一点都不能放松，对学生只有两个字：狠抓！现在距升学考试还有两个月时间，突击抓一抓，冲刺一下，还是有希望的。将军营小学毕业班早就实行了'七进七出'，也就是早上 7 点到校，晚上 7 点放学。师范附小我也派人去侦察过了，他们每天的家庭作业量几乎是我们的两倍。这说明我们的老师心还不够狠。心狠是为学生好呀，同志们！孩子都是橡皮做的球，你吹吹气他就鼓起来了，你一松劲他又瘪下去了。现在是苦了他们，委屈了他们，可是将来他们会感谢你们的，会懂得你们的好意的。"

邢老师忧心忡忡地说："照这样下去，再过几年，重点中学的入学分数线岂不是要门门满分？三门功课都不能允许孩子出一点点错？这可怎么得了？"

校长双手一摊："我有什么办法？我的思想也紧张，精神压力很大。我现在天天晚上要靠安眠药睡觉。"

老师们一个个唉声叹气，各自回班去做工作。

邢老师找了胡梅和刘娅如几个班干部帮忙，将全班各科成绩的前 10 名和后 10 名分别抄在黑板上，把教室前后两块黑板抄得满满的。她当天又一次召集家长们开会。

卉紫一跨进教室门，看见前后黑板上密密麻麻的排名，心里就紧张起来。她几乎是浑身哆嗦地在名单中寻找金铃的名字。先看遍了前面的一块黑板，没有。转身再看后面的黑板，还是没有。她慢慢地放松身体，觉得又是庆幸又是失望。没有名次说明了什么呢？说明金铃的各科成绩都是不好不坏，中不溜儿。如果按照邢老师的说法，班上能考入重点中学的只有三分之一，那么金铃的希望就很渺茫。

卉紫浑身又开始燥热起来。坐在教室里排得很挤的课桌之间，耳朵里听着前后左右家长们的窃窃私语：谈论自己孩子的分数，预测今年重点中学的录取分数线，以及种种抱怨、庆幸、愤怒、所请家教的收费情况、为孩子制定的食谱……她心里有一种欲哭无泪的悲伤。她不知道孩子生在如此残酷的竞争时代是幸运还是不幸，但是有一条可以肯定：家长们都是不幸的。家长比孩子要承受的压力更重，孩子的累是累在身上，睡一觉起来又会活蹦乱跳；家长的累是累在心里，从孩子上学那天直到考入大学，直到大学毕业分配，爬过一道门又是一道门，一颗心没有落进肚里的时候。

邢老师走到卉紫面前，关切地说："金铃妈妈，你脸色像是不大好呢。"

卉紫赶紧甩一甩头，甩掉刚才脑子里乱七八糟的思想，苦笑笑说："还好，我就是这样。"

邢老师说："金铃的情况你已经有数了吧？"

卉紫求援般地看着邢老师："我该怎么办呢？是不是我这个家长做得很失败？"

邢老师沉默了一下，缓缓地说："如果金铃不是我的学生，我一定很喜欢她，因为她实在可爱。可是她既然做了我的学生，我必须对她负责。很坦白地说，她的成绩在班里仍然不能拔尖。我知道你们夫妇都是知识分子，是心高气傲的人，不会满足于让孩子读一所普通中学。按照金铃目前的情况，我提个建议：是否在最后冲刺阶段帮她找个好的家教？"

"你认为什么样的家教才合适呢？"卉紫虚心讨教。

邢老师笑笑："这不容易。最好是有教学经验的，对六年级教材熟悉的。有可能的话，请到外国语学校的老师最好，因为每年外语学校的入学考卷是他们自己出的，他们熟悉自己学校的出题思路，帮助学生复习时就能够有的放矢，对症下药。"

卉紫慌忙道谢："邢老师，真是谢谢你了。"

邢老师说："不必，大家都是为孩子好。再说我是真心喜欢金铃。"

当晚回到家，卉紫不敢有丝毫延误，从书房里拖出金亦鸣，开始给所有的亲戚朋友排名，推测谁有可能认识外语学校的老师，或者谁能够替他们挂上这个钩。

金亦鸣有个表弟，曾经说起过和外语学校的校长家是邻居。金亦鸣一个电话打过去问，表弟才解释说，邻居是邻居，可是两家之间隔了一栋楼房，他认识校长，校长不认识他，想递个话也递不上的。

卉紫恨恨地说："真笨！既是邻居，早就该想方设法结上关系了！"

金亦鸣替表弟解释："也没这么容易。如今的重点中学校长，哪个不是身价百倍？走出去比大学校长都风光得多，哪里是想结识就能结识上的。"

又排，排到卉紫的父亲几十年前的一个学生，那学生曾有一段时间担任外语学校校办工厂的头头，曾给卉紫的父亲送过他们厂里生产的跑步计数器。

卉紫赶快给娘家打电话。父亲回答说是立刻帮她问。过一会儿，父亲的电话回过来说，很不幸，他的学生两年前已经因病去世。卉紫的母亲在电话那头问："要不要我再出去找老同事问问？"卉紫心灰意懒地说："算了，问也是白问，没有十分亲近的关系，人家就肯给金铃当家教？"

排名排到这里，卉紫自己都没有信心了。两个人撕了名单，情绪很灰地上床睡觉。熄灯前，卉紫又到小房间里看一眼金铃，看见她睡得憨态十足，嘴角还一牵一牵地发笑，大约正做着什么有趣的甜梦。卉紫回到床上对金亦鸣说："她怎么就一点心思都没有呢？"

　　金亦鸣说："孩子能有什么心思呢？她是把自己的一切交给大人们安排的。"

　　卉紫听了这话更觉得心里发沉，辗转反侧，一夜都没能睡着。

　　这几天杂志社发稿，卉紫不敢怠慢，早上打发走了金铃，跟着就骑车上班。在门口碰到了主编余老太，她是挤公共汽车过来的。大约因为个子矮，脑袋只能夹在人们肩膀处的原因吧，她头发被揉成乱蓬蓬的，内衣也从裤子里拖出来了，比外衣稍稍长了一截，显得特别狼狈。

　　卉紫说："您真是的，晚些出门，汽车上不就空了很多吗？"

　　余老太拍拍手里的尼龙提包说："快发稿了，还少一篇刊头语没有着落，我在家哪里坐得住哟。"

　　"不是李钰负责这篇稿子吗？"

　　"是啊。可是李钰的孩子今年考高中，李钰说她整个人已经紧张得要爆炸了，她要求请假。你说我怎么办？"

　　余老太在杂志社里一向以心慈手软闻名的，所以虽说

246

在这里工作没有伟大前途可言，大家还是愿意跟着她干，图的是心情愉快。

卉紫苦笑一声，说："有孩子上学的母亲，哪个不是如此？李钰的孩子考高中，我的女儿考初中，我也差不多要崩溃了。"

余老太慌忙说："可不能！你们一个个都撂了挑子，叫我一个老太太上蹿下跳地折腾出这期刊物？"

卉紫用钥匙开了门，走进稿件堆积如山的办公室。

"说说罢了，工作哪能不干？怪就怪我们这些人太认真，做事情太认真，做家长也太认真。其实我们小时候……"她发现余老太若有所思地看着她，就改口说，"你又想什么点子？"

"我在想，都说每年的 7 月是考生们的黑色 7 月，能不能就这问题写篇刊头语？很有普遍意义的。"

卉紫说："的确不错。"

"那就你来写吧。"余老太见缝插针。

卉紫吓了一跳："我？别逗了。我只会编稿，不会写稿。"

"试试吧。试试行不行？"余老太拿出她外出约稿时的缠劲儿，"你是母亲，自己有孩子参加升学考试，体会最深，写出来不会浮皮潦草。"

三说两说，卉紫倒被说得心动了，答应写一篇试试。

余老太大喜，马上给她放了假，要她回家去精心做这篇文章，明天早上一定要交来，不然就赶不上发稿了。

　　卉紫连办公室的椅子都没有坐热，又骑上自行车回家。这会儿已经过了上班时间，路上人不多，她一边慢慢蹬车，一边在心里打着腹稿。余老太说得不错，她心里的确是有很多感想感受的，略微触发一下，所有想说的话就排着队出来了。她在心里把这些句子大致排了队，好让自己提笔时不至于头绪太乱。

　　骑到"梦娜美容美发中心"时，碰上了大学同学馨兰。馨兰穿着一套淡粉色的真丝套裙，耳朵上戴两颗硕大的珍珠耳坠，手里是一只珍珠色的小包，打扮得像是要出门赴宴一样。

　　卉紫跳下车问："去哪儿？这么早就有应酬啊？"

　　馨兰抿嘴笑笑，又将下巴朝旁边的美容美发中心一扬："就到这儿，做美容，完了再做一下头发。"

　　卉紫诧异地问："这么悠闲？不上班了吗？"

　　馨兰说："还上什么班？就那么几百块钱。我辞职了。"她热情地拉住卉紫说，"你也进来吧，陪我做一次美容，我请客。"

　　卉紫说："算了，我可消受不起这些时髦玩艺儿。"

　　馨兰拉住她不放："试试好不好？女人嘛，谁不想把青

248

春保留得长久些？你看你这些日子，憔悴得皮肤都干了。你再不好好照顾自己，当心金亦鸣对你有意见哦！"

卉紫冷笑一声："他还对我有意见？我现在整个儿就是失去自我，成了他和他女儿的保姆兼家教！"她抬手摸着自己的脸颊，果然感觉松松的、涩涩的，和馨兰那张容光焕发的滋润面孔成对比。

"好吧。"卉紫答应说，"就听你的，试试做美容的滋味。不过说好了，各付各的账。"

馨兰无奈地说："你还是那么要强。"

两个人一前一后跨进门去。

"梦娜"的老板是个 40 多岁的中年女人，长一张端庄的鹅蛋脸，戴秀气的金丝边眼镜，皮肤白而细腻，活脱脱是为她的美容店而做的广告。她一眼瞥见馨兰进门，微笑着迎上前，很随意地说了句："你来了？"

卉紫想，馨兰一定是这家店里的常客。

女老板把她们领到两张并排的躺椅上，又招手叫来两个看上去比较老练的美容小姐，嘱咐该用些什么什么，就走开去招呼别的客人了。

躺椅很舒适，小姐手指抚弄在脸颊上的感受也很轻柔，但是卉紫不知怎么搞的浑身烦躁，只盼这一系列过程快快结束。

馨兰侧脸看她说:"卉紫你怎么啦?五心烦躁的样子。"

卉紫说:"我不比你,我是有工作在身的人,时间宝贵。"

馨兰就笑,说:"会享受才能会工作,这话你别忘了。"

卉紫一扭头看见小姐拿着盛面膜的罐子过来,赶快抓紧时间再说几句话:"听说外语学校的初中生不是全部升高中,要有百分之十左右的淘汰率?"

馨兰不以为然:"我儿子根本不打算升高中。"

卉紫差点儿要跳起来,心里说:不升高中你上什么外语学校?有这名额还不如让金铃去。

馨兰闭着眼睛让小姐往脸上涂面膜,说:"国际酒店对面新开了一家意大利比萨饼店,你知道请来的意大利厨师每月多少薪金?"

卉紫摇头。

"这个数。"馨兰伸出四根指头。

"4000?"

"4万!"

卉紫下意识地要张开嘴,但嘴被面膜绷住了,只能把嘴角咧了咧。

馨兰很随意地说:"中国厨师要是去国外发展,一样能赚大钱。我儿子反正不是读书的料,我想让他初中毕业后进商校烹饪班,学个厨师,将来再给他一笔本钱,让他到美国开餐馆去。"

卉紫很惋惜地说:"那你真不该让李尔东捐赠外语学校那么多钱,非让你儿子上那个一流学校不可。不就是念个初中吗?"

馨兰就笑卉紫没见过世面,因为儿子去美国要用到英文,上外语学校不是可以学一口好英文吗?

卉紫心里想,有那么多的钱,请 10 个英文家教也够了。可是她没有把这话说出来。她觉得人一有了钱,思维就显得跟常人不太一样。

接下来,出于礼貌,馨兰也顺便问了问金铃的情况。卉紫愁眉苦脸叹气,说她正为金铃的功课伤脑筋呢,想找个外语学校的家教,钻壁打洞都找不着。

馨兰忽然叫起来:"你找我呀!怎么早不跟我说呢?"

卉紫一下子愣住了:"找你?你有路子?"

馨兰这会儿情绪很好,大约因为儿子的入学问题不必让她操心,在感觉上就高了卉紫一头的缘故。她说:"我家楼下就住了个外语学校老师,正好是教初中数学的,你说巧不巧?去年他家搞装修时我帮过他的忙,找他收个把学生辅导辅导,应该不成问题吧?"

卉紫连忙附和说:"绝对不成问题!"

馨兰就叫卉紫晚上去她家一趟,她带卉紫见见那个老师。卉紫一下子被弄得很兴奋，暗暗庆幸自己今天碰到了馨兰，陪她做了这个美容。人说"天无绝人之路"，果真有道理的呀。

回家写那篇刊头语，居然十二分顺当，大学时代的才华在字斟句酌间又回到了她身上。

晚上吃过晚饭，卉紫把洗碗的任务交待给金亦鸣，自己骑上自行车往馨兰家去。敲开了门，卉紫嫌脱鞋麻烦，就不肯进去，催馨兰赶快出来。

馨兰在门口一边匆匆地换鞋子，一边说："行不行我可没把握啊！"

卉紫心里咯噔了一下，问她："你跟他说过了？他答应得不爽快？"

馨兰说："我跟他老婆提了提。他老婆说找他补课的人太多，简直没法应付。我觉得这也正常，你能想到的事，别人为什么不能想到呢？"

卉紫像被泼了一瓢冷水，顿时脸色大变，从心里往外地凉。她脚步迟缓地跟着馨兰下楼，意识到这事成功的把握恐怕是不大。

馨兰敲门。门是那老师亲自开的。门开的一瞬间，卉紫简直以为自己误入了一个什么学校的课堂：10来个平方米的客厅里，竟密密地坐了将近20个学生。椅子和板凳不够用，有的学生就坐在临时搭就的硬纸板箱上，还有的坐在塑料小圆凳上，剩下一个实在没地方坐，干脆倚墙而立，本子搁在前面同学的后背上记录。一盏大功率的灯泡明晃晃地挂在孩子们头顶，把他们的面孔照成了一种阴森森的青色，眼圈四周则形成黑黑的阴影。看见有人探头进来，他们就一齐朝门口张望，脸上明显是松一口气的释然。

卉紫倒吸一口凉气。她万万没想到如今的老师是这样给学生补课的。她感觉到茫然，不知道说什么好。这与她想像中的一师一徒灯下细语的情景差距太远，过去的私塾里恐怕也没有这么多学生。

馨兰在她耳边轻声说："屋里人太多，你在外面等着，我跟他谈谈。"

没等卉紫表态，馨兰就小心跨过那些学生的腿脚走进房间去。片刻之后她出来，使个眼色让卉紫跟她出去说话。

"他要求每课时付50块钱家教费。"

卉紫叫起来："这么贵？"

馨兰叹着气说："说真的，他也是实在没办法。你都看到了，家里来那么多学生上课，都是亲戚朋友领导的关系，回绝了哪个都不好，是件得罪人的事。他只好提高收费，也算是对所有求教者摆平了对待吧。"

卉紫黯然道："学生找老师难找，老师收学生成灾，这世界到底是怎么了？”

馨兰安慰她：“别急，回家再想想，跟金亦鸣商量商量。其实我能够帮助你出这笔学费，不就是两个月的事吗？可我知道你不会接受。”

卉紫说：“我当然不会接受。”

两个人道了别，卉紫又在夜色里骑车回家。

金铃倒是敏感得很，一看见妈妈的脸色，马上就说：“老师不肯收我？”

卉紫把大概的情况跟丈夫和女儿通报了一下。金亦鸣说：“请这个家教有什么意义？一二十个学生在一起上课，谁是哪个学校的都弄不清楚，还不如自己在家里做点复习题。”

金铃紧跟着附和：“对，省下钱可以给我买辆自行车了。”

卉紫没好气地呵斥她：“去！要不是你数学太差，干吗要费这个劲？”

金铃替自己辩解：“我数学并不是太差，是你对我的要求太高！我干吗非上重点中学不可呢？”

卉紫一下子又敏感起来，问女儿是不是泄劲了？不想做最好的孩子了？金铃嘟囔着：“我不过说说罢了。”

第二天，卉紫打电话给馨兰，婉言谢绝了她的好意。馨兰在电话里说：“我觉得也不合适，哪有一晚上教那么多孩子的？简直就是流水作业线。”

二十一　我可以养蚕了

5月初，天已经有些热了。中午金铃从家里去上学，只穿了一件印有白雪公主和七个小矮人的白色套头衫。过了一个秋天一个冬天，这衣服明显有点小，金铃的肚子圆溜溜地从衣服下鼓出来，让人看着想笑。卉紫拍拍她的肚子说："复习这么紧张，也不见你瘦下来，可见没有太努力。"

金铃抗议道："用肚子大小来断定一个人，这也太片面了吧？也许我这里面装了太多的学问呢！"

卉紫说："不管怎么样，女孩子还是要苗条一点的好。"

金铃心里想，又来了，接下来又要提到减肥什么的了。妈妈最近怎么变得这么爱唠叨的呢?

　　可是金铃走在路上的时候，自己也感觉大腹便便的样子不太雅观。她使劲提着气，边走边把肚子吸进去。我的妈呀，这真是累! 金铃很快就放弃了使自己看上去苗条一点的打算，大摇大摆甩开膀子走路了。

　　校门口挤了一堆新华街小学的学生，不断有人满头大汗地从人堆中钻出来，手里小心地托着一样东西，走路都跌跌绊绊，忘了怎么迈步子似的。还有人大喊大叫，招呼更多的同学来看。一时间校门口的交通都接近了堵塞。

　　金铃瞥见张灵灵和李小娟都挤在人堆里，连忙小跑着上去，连声地喊:"张灵灵! 张灵灵! 在看什么东西呀?"

　　张灵灵回头，从人缝里看见金铃，跟着也着急起来:"哎呀你怎么才来! 是个卖蚕宝宝的，已经快卖完了!"

　　人群中站起一个50来岁的老伯伯，拍拍身上的碎屑，乐呵呵地接过话头:"卖完了，卖完了。"

　　马上有很多声音同时叫起来:"明天还来卖吗?"

　　老伯伯说:"没准儿，也许来，也许不来。"

　　四周响起一片咂嘴声和抱怨声。大大小小的孩子们开始四散，没有买到的围住了那些买到的，七嘴八舌，个个都很兴奋。

金铃问张灵灵和李小娟:"你们买到了吗?"

张灵灵举起一只小小的塑料袋:"喏,你看看吧。"

金铃羡慕地凑上去细看。袋子里有几片嫩嫩的桑叶,薄薄的叶片间有几条蚕宝宝在轻轻蠕动。那蚕才不过两个米粒那么长,小脑袋很稚气地昂来昂去,有点惊异自己身处的环境似的。

金铃叫起来:"你没有选好! 看看,有几条已经快死了!"

"哪儿呢?"张灵灵慌忙把塑料袋打开。

金铃伸手指点着:"看这条! 还有这条! 身上都长出了黑点点,是发霉了!"

李小娟和张灵灵两个人笑得前仰后合。

"什么发霉呀!"李小娟边笑边说,"那是蚕宝宝的新品种。卖蚕的老伯伯说,白蚕只能结白茧子,黑蚕能结出彩色茧子,有淡黄的,有鹅黄的,有金黄的,还有橘黄的,漂亮极了!"

金铃睁大眼睛问:"真的? 不会是老伯伯骗你们?"

张灵灵说:"他骗不了。去年我表姐养过一盒子黑蚕,我看见它们结的彩色茧子了。"

金铃不说话了。她心里很懊恼,干吗没有早点从家里出来? 都怪妈妈逼着她背英语单词了。可是……她又想,早点来了也没用,她身上一分钱也没有,还不是白白看着人家买？

张灵灵对李小娟说："你敢不敢让蚕宝宝在你脸上爬？"

李小娟胆小地摇头："我不敢。挺腻歪的。"

张灵灵说："我敢。我还敢让蚕宝宝在舌头上爬呢。"

金铃颇为嫉妒地打击她："你吹牛！"

"不信？不信你看着！"

张灵灵从塑料袋里捞出一条软绵绵的小白蚕，先摊在手心里，让两个女友看仔细了，然后张大嘴巴，伸长舌头，将小蚕轻轻放在舌尖上。

李小娟马上觉得恶心，赶忙把脸扭过去，不看。金铃却是拼命伸着脖子，眼睛一眨都不眨地看那小蚕如何在张灵灵的舌尖上蠕动、翻滚、挣扎。

张灵灵得意洋洋地指着嘴巴，口齿含糊不清地说："怎么样？看到了吧？"

话才说完，她脸上的表情突然间惊恐地凝固住了，眼睛睁得老大，嘴巴半张不张，脸颊肌肉微微有些抽动。

金铃跟着大叫："蚕呢？你的舌头呢？"

张灵灵慢慢地把舌头伸出来：舌尖上空荡荡什么也没有。她用哭一样的声音说："我把蚕咽下去了！"

有几秒钟的时间，三个女孩子面面相觑，什么话都说不出来。金铃努力把脑袋凑近张灵灵半张的嘴巴，眼珠子恨不得能弹出眼眶，顺着对方的喉咙滑下去，从食管进入胃部，跟踪追击小蚕被活生生吞食消化的过程。

李小娟胆怯地问张灵灵："你……难受吗？"

张灵灵勉强做出一个比哭还难看的笑，说："它在我肚子里爬来爬去。"

李小娟脸色苍白，怕冷似的缩起肩膀。"真可怕。"她小声说。

张灵灵冷不丁大叫："我要吐了！"

她迫不及待地奔到一棵树下，弯着腰，直吐得浑身抽搐，涕泪横流。金铃走到她身边，很同情地拍拍她的背，又从书包里拿出自己的水壶，让她喝点水，漱漱口。"好了，你肯定已经把那蚕吐出来了。"金铃说。

张灵灵喘着气，心有余悸地把那只盛有蚕宝宝的塑料袋扔到地上。"我不想再看见它们。"她转过身，飞快地跑进校门。

金铃独自站在树下，用眼角瞄着那只塑料袋。袋里的小蚕浑然不知发生了何事，依旧在努力地爬来爬去，连带着整只口袋都在微微掀动。金铃心跳如鼓，两手出汗。捡回去吗？

捡不捡？这可是别人扔掉的东西呀！乞丐才会捡别人不要的东西，同学知道了一定会笑话她。可是就这么走了吗？让这些蚕宝宝躺在路边被行人踩死？被车轮压死？或者像那只可怜的小鸟一样，被顽皮的小孩子们一把捏死？

金铃站在初夏的阳光下，脸已经晒得微微发红，鼻尖沁出一颗颗汗珠。

她终于飞快地向四周扫一眼，觉得并没有人注意她的动向，就猛地弯下腰，把那只塑料袋一把抓在手里。

天哪，但愿不要有人看见，千万不要有人看见！

她背过身，把肩后的书包卸下来，装作从书包里拿什么东西，趁机将一袋小蚕放进书包去。而后她不敢背着了，用两只胳膊小心抱住，像抱一只随时都会被压碎的薄胎花瓶。

路上，英语老师指指金铃怀中的书包问："带子又断了？回家都不记得请妈妈缝上？"

金铃支支吾吾，自己也不知道自己答了句什么。

第一节是数学课，讲应用题。金铃有点坐不住，书包里的小蚕活像在她心里爬来爬去，痒丝丝的。她感觉有两条快要爬到书包外面来了，又感觉有一条大点的压在另一条小点的身上，小的那一条被压得吱哇乱叫。她忍不住伸手到课桌下摸，摸到了装小蚕的口袋，就拖出来看，确信没有问题，才放下心去，把口袋送回书包。

过不了几分钟，这样的动作又重复了一次。金铃心里知道这不对，上课不应该这样。可是她实在控制不住自己，好像不看上一眼马上就要死了。

尚海把头凑过来，小声问她："你看什么呢？"

金铃用胳膊肘推开他："去！"

尚海怏怏地说："真不够意思。"

张老师在黑板上写完一道题，转过身来。那题目是这样的：甲、乙两煤炭仓库储存煤炭的重量比是 $8:7$，如果从甲库运出煤炭储量的 $\frac{1}{4}$，乙库运进 6 吨，那么，乙库比甲库的煤炭正好多 14 吨，求甲乙两仓库原有煤炭各多少吨。

张老师两手张开来撑住讲台两边，目光在教室里扫来扫去。已经有几个同学举手了，可是他偏不喊，他要找那些不注意听的、没有举手的。

冷不丁他喊了一声："金铃！"

金铃的身子本能地一跳，头从抽屉里慌慌张张抽出来，挤出一脸灿烂的笑，讨好地望着老师。

张老师顺手从桌上拈起一支粉笔，凶狠狠地要对准金铃扔过去。出手的一刹那才意识到金铃是个女孩子，手腕便轻轻一抖。粉笔像长了眼睛似的拐个弯直扑尚海的额头，啪的一声打个正着，又弹过去落在李小娟桌上。李小娟慌忙拿着粉笔下位，恭恭敬敬送回到讲台。

尚海又惊又恼，手捂着额头抗议道："干吗打我？"

张老师刚要说一句什么，金铃蓦地在座位上大叫："老

261

师我会！"

老师没说出来的一句话又咽回到肚子里，半张着嘴望着金铃，一时真有点哭笑不得。

金铃自顾自地站起身来，说："我真的会。可以列方程做，设每份数是 x。"

老师无可奈何地点点头："好吧，请你上黑板来做。"

金铃乐滋滋地、笑眯眯地走上讲台，用一个不算很简单的方程式把这道题做了出来。她一点儿也没有意识到三分钟之前张老师差点儿要把她撕成碎片。

可是下课之后尚海却对她不依不饶了。尚海说："刚才我吃那一记粉笔头，是代你受过的。"

金铃跳起来："怪我啊？我请你了吗？"

"你得赔偿损失。"尚海坚持说。

金铃一伸手把他的脑袋扳了过来："打伤了吗？流血了吗？哪儿呢？"

"可我很有可能会被打成脑震荡。要是再往下一点，扔到眼睛，眼睛会瞎。"

"可你现在没瞎。"

"我精神受到伤害了。"

金铃被他缠得没有办法，无奈地说："好吧，我赔偿你。文具盒里的东西，除钢笔之外，随便你要。"

尚海坚决地推开那个文具盒:"我就要你书包里的东西。"

金铃一下子扑到课桌上,以黄继光堵枪眼的姿势堵住了抽屉。"不行,绝对不行!"她急得涨红了脸。

尚海退了一步:"那就看看。只看一眼。"

"一眼也不能看!"金铃拿出了从未有过的坚决。

好在上课铃又响了,邢老师夹着课本进了教室。金铃松了一口气,心里想,真是救命的铃声。

一放学,她以最快的速度抱了书包往外面走。尚海在后面不甘心地喊她,她慌得头也不敢回,脚步快得像只逃命的兔子。

当天晚上,卉紫是在给金铃整理床铺的时候才发现那个盛有蚕宝宝的鞋盒的。金铃把鞋盒压在自己的被子下面,怕蚕宝宝不见天日活活闷死,还仿照游泳时潜水的做法,找了一根喝汽水用的塑料吸管,一头戳进鞋盒中,一头露在被子外。卉紫铺床时没在意,一拉被子,吸管拉掉下来了,鞋盒也差点弄翻。

"这是什么?"卉紫莫名其妙地打开盒盖,"我的天!哪儿来的小蚕?"

她立刻把金铃叫过来询问。金铃一口咬定这些蚕是自己捡的。

"因为我怕它们会死。我不捡回来它们一定会死。它们才这么大！"金铃再三强调。

卉紫重重地把鞋盒往桌上一顿："了不得！居然学会捡大街上人家不要的东西！知道你的同学为什么不要吗？她们怕养蚕分心，影响学习！"

金铃想说"不是的"，看看妈妈的脸色，没有敢说。

卉紫指着桌上的鞋盒说："去，给我扔进垃圾桶。考试没有结束之前，我不允许有任何活的东西拿进家门。"

金铃拼命地眨巴眼睛，眨出鼓鼓的一包眼泪。她把这一包欲滴不滴的眼泪努力送进卉紫的视线里。

卉紫不为所动："算了，别对我来这一套，我不会心软。"

金铃沉默不动。

卉紫说："你扔不扔？妈妈的话你不听吗？你要做妈妈不喜欢的坏孩子？"

金铃低着头，半步半步地移到桌边，捧起鞋盒，又半步半步地移出门。她走这么慢的原因是期望妈妈突然心软后改变主意。

可是妈妈在房间里一声不响。

金铃走到阳台，打开鞋盒，把十几条蚕宝宝一下子倒进垃圾桶里。这时候她的眼泪真的出来了，肩膀一耸一耸哭得好伤心。

卉紫跟出来，双臂环抱着站在厨房门口："扔掉了？扔掉了就去做作业。今天的英语还没背呢。"

金铃在心里说:真是个狠心的妈妈,冷酷的妈妈,比灰姑娘和白雪公主的后妈还要后妈的妈妈!她赌气狠狠地擦去眼泪,抬头挺胸从妈妈身边走过去,脚步跺得地面咚咚响,以示抗议。

妈妈又叫起来:"担心楼下邻居有意见!"

金铃回她一句:"我管不着!"

她坐到书桌前,翻开英语书,眼泪却不争气地往下淌,滴滴嗒嗒打得书页上模糊一片。抬手用衣袖擦,才擦完又流出来了,比没擦时还要汹涌,就好像眼睛是一只新式水龙头,手一碰就自动出水。她边哭边委屈地想,做人有什么意思啊?除了学习还是学习,一点点快乐都没有,一点点自由都没有,还不如做一条蚕宝宝呢,蚕宝宝起码还有她这样的孩子来喜欢呢!

过了一会儿,眼泪不流了,她心思又开始活动起来,对自己说:"我就去看一眼!最后一眼!看看蚕宝宝死了没有。"

她起身离桌,踮着脚走出房间。外面一点动静也没有,妈妈大概是回到客厅里看报纸去了。她摆出跳芭蕾的姿势,用脚尖跳跃着闪进厨房,尽量不发出一点声音。她一进到厨房就愣住了,几乎不敢相信自己的眼睛:妈妈正蹲在阳台上的垃圾桶边，一手举着一根蜡烛，一手从桶里把蚕宝宝一条条地捡出来，放回到鞋盒中。

金铃很不解地问："妈妈？"

卉紫抬头见是金铃，有点尴尬地笑了笑："我想想还是把它们捡回来吧，好歹也是一条命，你说呢？"

金铃跳上去抱住妈妈的脖子："你真好！我太喜欢你了！"

卉紫拍着她的手，要她下来："小心别把妈妈的腰压闪了，也不想想你是个多重的人。"

金铃撒娇地说："提个要求:你亲我一下。"

卉紫说："该我对你提个要求才是。"

"行，你提吧。"金铃从卉紫背上直起身。

"答应我，别为养蚕耽误学习，好吗？"

金铃抿嘴看着妈妈，重重地点了点头。

二十二　种瓜得豆,而且是颗金豆

　　金铃很恨自己,为什么说的话总是不能做到。比如她答应了妈妈不因为养蚕而影响学习,可是蚕明明就放在家里,她做习题时都能听到它们咀嚼桑叶的声音,心思怎么能不往上面想呢?隔上 20 分钟不去看一眼蚕宝宝,她简直就有一种立刻会死掉的痛苦。

　　去过第二次以后,卉紫在房间里干涉了。卉紫提高嗓门喊:"金铃你又干什么?"金铃灵机一动,连忙回答:"我上厕所。"

蚕宝宝就放在厨房里，上厕所必须从厨房里穿过，金铃的理由非常充足。管天管地，管不住人拉屎撒尿，妈妈总不能限制她上厕所吧？

金铃第三次往厕所跑的时候，卉紫起了疑心，跟踪而去。金铃装模作样地从厕所出来，头一抬，卉紫正双手抱臂、目光炯炯地盯着她呢。

"你监视我上厕所干什么？我又不是犯人。"金铃做贼心虚地嘀咕着。

卉紫似笑非笑地说："真的上厕所了？小便还是大便？"

"小便。"

"小便我怎么没听到声音？"

金铃懊悔地想：真该说是大便。

为了杜绝妈妈对她的不信任，金铃干脆猛喝了一肚子凉开水，假戏真做。不到半小时，她真要小便了。路过客厅门口的时候，她很大度地喊了一声："妈妈你来听吧！"她故意敞着厕所的门，让小便声哗啦哗啦传出好远。可是妈妈又不再来听了，像是看穿了她的把戏似的。

这个星期六，当金铃第十次从厕所出来的时候，发现蚕宝宝吃光了家里最后一片桑叶。她把这个发现及时报告了卉紫，卉紫无可奈何地说："拿两毛钱去买吧。"

在复习迎考的日子里，金铃最乐意做的事情便是帮妈妈下楼买东西,因为只有在这时候才可以趁机玩一小会儿,看看小吃店的猫,注意一下街口浇糖人的担子来了没有、有没有浇出什么新的花样。

今天很没趣,浇糖人的担子没来,小吃店的黄猫也不见了。金铃手里捏着两毛钱,慢吞吞地走到校门口。她忽然傻了眼:怎么? 卖桑叶的老爷爷怎么也不见影子啦? 平常他都守着一大篮绿油油的桑叶坐在校门口,专门等着做那些买了蚕宝宝的孩子的生意。两毛钱一小口袋,你如果嫌少,他还会笑眯眯地给你添上几片。

校门口摆报摊的奶奶对金铃说:"今天他怎么会来? 今天没有学生上学,他做不到生意呀!"

金铃问:"你知道他家住哪儿吗?"

奶奶摇头说:"哎呀,这我就不知道了。老头儿好像是搭车从郊区来的。"

金铃心里一下子恐慌起来。怎么办呢? 到哪儿去找桑叶给蚕宝宝吃呢?

鞋盒子里的蚕宝宝一个个都把小脑袋昂得老高,东转西转的,好像在对金铃说:"我饿了! 我饿了!"

卉紫埋怨金铃:"叫你不要把小蚕弄回来吧? 城市里如今到哪儿找桑叶去? 与其让它长得半大不大地饿死,还不如那时候就别救它的好。"

金铃被卉紫说得心里很难过。她翻开自己的通讯录，挨个儿给朋友们打电话。杨小丽、李小娟、张灵灵、刘娅如……一个个都问过了，回答都是没有，没见过哪儿有桑树。只有尚海很肯定地说："有。我表姐家就有一棵。长得比房子还高，叶子有巴掌那么大，结的桑果黑紫黑紫的，甜得要命……"

金铃嫌他啰嗦，急不可待地打断他的话："别的以后再说，你先告诉我表姐家在哪儿，我怎么坐车才能过去。"

尚海在电话那头却又迟疑起来："哎哟，这恐怕……这恐怕……"

金铃着急地大叫："怕什么呀！"

尚海说："不是啊，我表姐家很远，要坐三个小时的长途汽车，还要过一条轮渡……"

金铃没等尚海说完就把电话挂了。她恨恨地想，除非尚海弱智，否则就是存心耍弄她玩儿！星期一到学校，要好好教训这小子。

金铃这一夜都没有睡踏实，老是做恶梦。梦到蚕儿死了，变成了一条条绿色的僵尸，屁股下面流出脓液。又梦到蚕宝宝已经蜕化成了蛾子，一个接一个从鞋盒子里飞出来，没完没了，整个家中都蠕动着那些灰色的丑陋的小东西，爸爸妈妈和她只能躲进厕所，把门关死，打110报警电话求救。

　　半夜里金铃醒了一次，趿拉着拖鞋到厨房里看蚕。卉紫比她先到了一步，正把一颗蓬乱的脑袋俯在鞋盒上。卉紫抬头看见金铃，叹着气说："小东西多可怜。"

　　金铃的眼圈红了，问："它们是不是要死了？"

　　卉紫不能肯定地说："也许它们是一种命大的生物？"

　　说着话，连金亦鸣也起身来看小蚕。金亦鸣出了个主意："试试它们吃不吃莴苣叶？我小时候也养过蚕，印象中是可以用莴苣叶代替桑叶喂的。"

　　卉紫拍手说："真是的！我怎么没有想到？好像是有这么回事。"

　　第二天早上 6 点钟不到，卉紫就起身上菜场。正是莴苣上市的时候，菜场上随便捡捡就能捡到不少莴苣叶子。卉紫急匆匆赶回来，把嫩叶子用水冲洗过，擦干水，再撕成碎碎的叶片，撒进鞋盒里。一家三口的脑袋挤在一处，都心急火燎等着看奇迹。

　　奇迹却没有发生，蚕宝宝一点也不给面子，对身边嫩生生的菜叶简直就是视而不见，依旧可怜巴巴地把脑袋抬得老高，转着圈儿地东张西望。

　　金亦鸣痛心疾首地批评它们："太娇惯了！太娇惯了！一点点也不肯将就。"

卉紫附和说:"一点不错!娇得像现在的独生子女。真是有什么样的孩子就有什么样的蚕。"

金铃替蚕宝宝辩解:"它们没有见过莴苣,叫它们怎么敢吃呢?如果叫你们吃没见过的野菜,你们敢吗?"

金亦鸣说:"那要看什么时候,饿极了就敢。生命和口味比起来,当然生命更重要。"

卉紫笑话他:"简直对牛弹琴!蚕儿能有人的思维?"

金铃趁他们争论的时候,悄悄开了门出去了。她决心要替蚕宝宝找到桑叶,哪怕找遍全城,哪怕临时做一回乞丐,只要能挽救蚕宝宝的生命。

巷子里小吃店的老板娘笑嘻嘻地招呼她:"金铃金铃,黄猫今天在家,它在叫你呢。"

金铃说:"我没空。"走过去几步,又回过头来问:"你们家种了桑树吗?"

"桑树?"老板娘被问得莫名其妙,"我家连根草都没有,还会有桑树?"

金铃便不再理她,转头又往前走。

金铃顺着和学校相反的方向,连着走过几条小巷。每经过一户人家门口,她就扒着门缝往里面看一看,看有没有她希望找到的东西。有的人家围墙矮,她就努力踮脚去爬矮矮的围墙,从墙头上把人家的院子仔细搜索一遍。

有一回她正往人家墙头上爬的时候，后领被一只手抓住了，那人揪着她的领子把她用劲往下一拉。金铃猝不及防，一下子滑落在地，摔了个屁股墩儿。

原来是个戴红袖章的居委会女干部。她哼着鼻子盘问："干什么的？为什么爬人家墙头？"

金铃解释："我找桑叶……"

"找桑叶？这城里还会有人家种桑树？对我撒谎没门儿！昨天我们街道上有人家被偷了……"

金铃气得浑身的汗毛都要竖起来了。怀疑她是小偷？拿她当贼？简直没有一点道理！她趁那个居委会干部不留神，双肩用劲一甩，头使劲一低，像鱼儿一样地从那人手中滑出去，拔腿奔出老远，又不失时机地回头喊一句："我就是小偷！你来抓呀，来呀！"

对方自然是不肯上当，嘴里不知道嘀咕些什么，转身走进另一个门里去了。

金铃又越过一条横街，发现了一扇带栅栏的铁门。她双手抓住栅栏，扒在铁门上往里看。这是一幢很古旧的带花园的楼房，楼不大，尖尖的顶，圆圆的木格窗户，屋顶还伸出一根细细的烟囱，就像童话书上画出来的房子。最好看的是花园，初夏时节，小小的花园里花草蓬勃。紫红色的玫瑰花，火焰一样跳动的串串红，淡粉色娇滴滴的凤仙花，探头探脑的菖蒲，躲在草丛中窃窃娇笑的蝴蝶兰。再顺着墙角看过去，天哪，那一棵大哥哥一样倚在墙角不动的，不正是一棵桑树吗？瞧它的叶子肥肥的、圆圆的，叶片间已经结出了绿色的桑果，活像小伙子脸上长出来的鼓鼓的青春痘。

金铃兴奋得差点没叫出声。她的心开始狂跳，想像着家中蚕儿吃到嫩桑叶的样子，想像着桑叶的绿色汁液流进蚕儿白色透明的身体，如何使那身体肥壮、成熟……她一把捂紧了嘴，生怕一不留神就笑出声音。

花园里没人，铁栅门关得很紧。金铃打量了一下这扇门，虽然有点高，门上的铁条却可以当做踏脚，踩着铁条爬过去没问题。

金铃攀住铁条，开始翻越大门。她非常紧张，生怕再被人抓住当成贼来狠打。又因为平生第一次尝试这样的冒险，心里止不住地感到兴奋和得意，仿佛自己也成了半个"佐罗"。还好，她没出意外就稳稳当当地落在了院子里，这期间巷子里没有出现其他身影。

桑叶真绿，真肥，真嫩！她轻轻掐了一片在手中，仔细看着它叶面上因为汁液饱满而鼓出来的部分，心想它离开枝条很快就要枯萎了，就要成为蚕宝宝肚里的食物了。她真心替桑树惋惜，感到对不起它。这样一来，她竟迟疑地站在树旁，不知道接着摘下去好，还是不摘更好。

"是谁呀？谁在那儿？"忽然有个苍老的声音传过来。

金铃一惊，小脸立刻白了，身子本能地矮下来，想借助树枝遮挡自己。

"别躲了，我都看见你了。"那声音接着说。

金铃万般无奈地直起身，垂下头不敢看人，心里只等着挨骂。也许人家还会打她。打她的时候她逃不逃呢？从哪儿逃呢？再爬一次大门？

"你怎么进来的？摘我的桑叶干什么？"苍老的声音已经移到了金铃面前。金铃偷偷掀开眼皮看了看，一下子放心了：是个白发苍苍行动不便的老太太，胳膊下还挂着根拐棍！哈，这样的老太太要是想抓住金铃，万万没门儿！

老太太虽说挂着拐棍，腰板却硬邦邦挺得笔直，眉眼间也不失威严。她目光犀利地盯住金铃，口齿非常清楚地说："问你话呢！摘我的桑叶干什么？"

金铃存心要逗她，头一歪说："不能摘吗？树上写着你的名字吗？"

老太太叫起来："哈！态度还不好！你叫什么名字？哪个学校的？"

金铃心里想：傻瓜才告诉你。让你打电话到学校告状是不是？拿定主意之后就紧闭嘴巴，挺着脖子，一言不发。

"你不说？不说我就不让你走。跟我来！"

金铃心里想着不跟她走，脚步却不由自主地移动了，好像老太太身上有股什么魔力牵着一样。

老太太在前，金铃在后。老太太拄着拐棍，却雄赳赳气昂昂的，活像个得胜回朝的将军；金铃则垂头丧气，皱着鼻子苦着脸，像一个被俘虏的小兵蛋子。

进了小楼，老太太指定一张椅子让金铃坐下，自己却直挺挺地立在金铃对面。

"我说了不让你走就不让你走。你必须告诉我老实话，有一句撒谎我都能知道。你信不信？"老太太得意地眯着眼睛，眼睛里有一种又狡黠又敏锐的光。

金铃不服气地叫起来："谁跟你说谎了？我凭什么要跟你说谎？你不就是仗着有一棵桑树吗？你的桑树那么大，有几百片几千片叶子呢，摘你10片都不行吗？可我的蚕快要饿死了，它们已经一夜没有吃到东西了！真的……它们……快要饿死了……"

金铃突然哽咽起来，心里既害怕又委屈。她想着不能随随便便在陌生人面前哭，要忍住，千万要忍住！该死的眼泪却不听命令，像断线的珍珠一样扑簌簌地落下来。

老太太吃力地弯下腰，仔细去看金铃的眼睛，颇有点意外地问："你哭了？你觉得我使你伤心了？"

金铃抬起胳膊，飞快地往眼睛上一擦，虚张声势地回答："谁哭了？你以为你是谁？小气鬼！"

老太太很认真地说："我不是小气鬼，我只是不喜欢别人不打招呼就碰我的东西。如果换了你，你会喜欢这样吗？"

金铃小声说："我以为你不会同意……"

"一般情况下我当然不会同意。可是……"

"可是我有特殊情况，真的！"金铃可怜巴巴地看着老太太的眼睛说，"我的蚕太饿了，它们已经奄奄一息了！"

老太太笑起来："还挺会用词。那么请你老实告诉我，你叫什么？是哪个学校的学生？"

"你会打电话给我的老师吗？"

"不，我只是喜欢问问。这是我的习惯。"

金铃就小声说出她的名字，又说了她是新华街小学六年级的学生。

"谁是你的班主任？"

"邢老师。"

老太太又是一笑："我认识她。"

金铃跳起来："你怎么会？"

老太太非常得意："我为什么不会？你们邢老师还做过我的学生。"

金铃轻叹一声："天哪！"她觉得这不可思议，太不可思议了！她偷桑叶偷到了老师的老师家里！

老太太关切地问："六年级了？就快要考中学了？"

金铃这才猛然想起家里还有一堆作业等着她完成，她是没打招呼就出门的。想到作业她就心情沉重起来，一时间变成了霜打过的茄子。

"想考哪个中学？邢老师让你们填表了吗？"

"填了。我妈要我考重点中学。"

"你妈要你考？"老太太的目光亮闪闪地逼住金铃，"只是你妈妈的愿望？那你自己呢？"

"我不知道。我心里也想的，就是觉得没把握。我不是班上的好学生。"

"怎么个不好？"

"学习不好。主要是数学。我从来没考到班上前 10 名。不，二年级时考过一次，只有那么一次。"

老太太若有所思地望着她："你很坦白。我喜欢你这样的孩子。"

金铃心里想：你喜欢有什么用？你又不是重点中学的校长。

"讲点你们班上有趣的事吧。"老太太要求。

金铃心事重重，生怕回去晚了妈妈骂她，所以不大想讲。可是不讲又怕老太太不给她桑叶，还是勉强讲了。

金铃一连讲了班上的几件事，老太太都没笑，反而用极严肃的表情看她，看得金铃心里发毛。后来她就讲了张灵灵一不小心吞下幼蚕的事，老太太笑起来，说："原来你的蚕宝宝是这么来的。"

金铃受到鼓励，原本乐观的天性就显露出来了，眉眼鼻子开始变得活跃，脸上笑眯眯的，嘴巴红润润的，话说得又快又逗。

"有一次上英语课，老师喊李林回答问题。李林你知道吗？我们班成绩顶差的同学，她妈妈给他开过一张轻度弱智的证明。老师说：李林，What's your name？李林就回答说：波力。波力是我们课文中一只鸟的名字。全班同学都笑得死去活来。于胖儿当时正偷吃饼干，一笑就把嘴里的饼干屑喷出去好远，差点儿溅到老师脸上。老师发了大火，用劲在讲台上跺脚。谁知道讲台太旧了，木头都烂了，她一跺，正好把高跟鞋的鞋跟跺了进去，怎么拔也拔不出来。后来还是于胖儿上去帮她拔出来的。"

老太太双手撑住拐棍，笑得直不起腰。金铃也笑。一老一少笑成了一团。

"还有呢。老师上课都喜欢骂人，邢老师骂人像鸡婆，咕咕咕咕不停；数学张老师骂人像乌鸦，全班人鸦雀无声时，他冷不防嘎的一叫；英语老师骂人最好玩，脑袋像毛毛虫,每骂一句就伸一下头……"

老太太笑得眼泪都流出来了,一边掏手绢擦眼泪,一边要求金铃:"别说了,不能再说了,快把我假牙都笑掉了。"

金铃说:"那好,以后有机会我再给你说。"

老太太拄着拐棍,带金铃去摘桑叶。摘了不多不少10片。她微笑地看着金铃说:"答应我一个要求好吗?以后你每天放学后来一次,我教你半小时数学,你可以拿到10片桑叶。"

金铃问:"你?"

老太太说:"你看不起我?退休前我是小学特级教师,专教毕业班数学。我姓孙,你可以叫我孙奶奶。"

金铃歪头想了想:"给20片桑叶行吗?蚕渐渐大了,会吃得越来越多。"

孙奶奶使劲忍住笑:"好吧,20片就20片,优待你。可是我也有个附加条件:别告诉老师,也别告诉你家里人,爸爸或者妈妈。"

"为什么呢?这也不是什么坏事啊!"金铃问。

"是因为奶奶也有自尊心啊!"孙奶奶学着金铃的口气,"奶奶做了你的家教,如果不能把你教成一个拔尖的学生,奶奶可就丢老脸啦!所以啊,我们之间的事情要秘密进行。"

金铃很兴奋,但是她马上就想到一个现实问题:"瞒着老师没问题，瞒着妈妈不好办。我要是每天放学不按时回家，她一定会查问。我该怎么说呢？"

孙奶奶想了想："就说老师帮你补课，撒一次小小的谎吧。其实也算不得撒谎，因为的确有个'老老师'在帮你补课。"

金铃这才完完全全地放下心，手里抓着宝贵的 20 片桑叶，蹦蹦跳跳出门。走到门口她忽然又想起一句话，回头对孙奶奶说："最后一个问题：你为什么要想帮我？"

孙奶奶郑重其事地回答："因为我喜欢你。我帮助了喜欢的人心里会觉得快乐。这回答可以了吗？"

金铃哈的一声，用唱歌一样的声音拖长腔调说："我——也——喜——欢——你——"

二十三　请允许我有一个秘密

　　卉紫在楼道里打扫卫生。天气太干燥了，笤帚才接触到地面，尘土就迫不及待地飞扬起来，仿佛它们就专等着卉紫的笤帚来解放它们一样。卉紫用一条纱巾把脑袋和嘴巴包扎起来，还是不行，尘土呛得她透不过气。

　　她放下笤帚，站到楼梯口的花墙那儿去，用劲呼吸，想把肺里的尘土排出一些。这时候她发现墙砖的空隙里塞着一小团东西。她有点好奇，顺手一掏，骨碌碌滚出一个纸团。用脚尖拨了拨，好像是一张数学卷子，依稀看见一些算术式子和红笔打上的钩钩叉叉。

卉紫心里咯噔一下，她差不多能明白这是谁做的事情了。她弯腰把纸团捡起来，打开，果然就是金铃的一张数学试卷，上面标着一个很大的分数:79。字写得极大，几乎占了一张纸的四分之一，颇有点恶狠狠的意思。好像还不解气，旁边又用红笔注明:全班倒数第四!

卉紫浑身像着了火。她不想再搞什么卫生了，拎着笤帚回家，一个人坐在桌边生闷气。家里这时候很静，让她想发火也发不出来，她伸手拿起话筒要给金亦鸣打电话，电话中就说:我再不想管你的女儿了，无能为力了，以后的事情请你来干! 可是电话不通，大学总机告诉她要等一等。等卉紫放下电话，冲动又很快消失，觉得说这些也没意思，她真的能够放手不管?

楼道里响起了脚步声，有时候半天才爬一级，有时候嗵嗵嗵一连爬几级，一听就知道是金铃放学回来了。

卉紫站起身来，带着一股怒气打开门，一眼就看见金铃笑眯眯的一张圆脸。金铃歪头看看卉紫的脸色，并不知道刚才发生了什么事，笑靥如花地说:"妈妈你为什么板着脸呢? 你今天应该高兴才是啊! "

卉紫抓起桌上的试卷，用劲拍在金铃手上:"我当然高兴! 我高兴得要昏过去了! "

金铃看一眼手里的东西，脸色也跟着大变，怯生生地说："妈妈你听我解释。妈妈……"

卉紫打断她的话："行了，没什么好解释的，分数已经说明了一切。而且你越来越不像话，考了坏分数不把卷子拿回家，偷偷藏在楼道里！我敢断定你不止这一次……"

金铃叫起来："不，就是这一次！"

"就是这一次也不能原谅！说明你这个孩子已经不单纯、不诚实了。以后妈妈也很难再相信你所说的任何话。"

金铃哭丧着脸说："我怕你知道了会生气……"

"你这样做我不是更生气吗？"

"可我是准备今天告诉你的。我想等自己考一个好成绩，然后一起告诉你。这是我今天的卷子……"

金铃慌忙掏书包，动作太急迫，差点儿把书包里薄薄的试卷扯破。

卷首上写着两个很温柔的数字：97。旁边注明：跃升到全班第七，很有进步！请继续保持。

卉紫狐疑地看着金铃："真是你的卷子？"

金铃指着卷首："这不是我的名字吗？"

"没有抄别人的？"

"妈妈！"金铃抗议说，"每次测验我们都是用 AB 卷，我抄谁的？总不能站起来看前面李小娟的吧？再说她这次还没有我考得好，她才得 80 多分。"

卉紫的脸色慢慢缓和起来，说："我真是想不明白，你的考试成绩忽高忽低能相差这么多。看你学习像看杂技演员走钢丝，手心里捏着一大把汗呢。"

金铃很乖巧地安慰卉紫："妈妈，我再也不那样了，以后我都会考得很好。"

吃饭的时候，卉紫已经忘记了刚才的不愉快，把蛋炒饭里的鸡蛋拣给金铃，自言自语地说："天天放学后参加补课还是有好处的，看起来你这个人适宜个别辅导。张老师还叫了别的同学吗？"

金铃先摇头，想了想又点头，用蚊子一样的声音哼哼着："还有李小娟。"

卉紫说："她好像进步不大？这回测验得 80 几分，跟以前的水平差不多。"

金铃不知道说什么好，就埋头往嘴里扒饭，把嘴巴里塞满饭粒。

三天之后又测验一次，金铃 94 分。比上次少了一点，但是相差不大，基本在同一个水平线上。卉紫有理由相信金铃的数学成绩是稳定下来了。

鞋盒子里的蚕宝宝在"上山"之前的生长速度几乎是突飞猛进，一条条变得长而透明，呼吸的时候能看见它们肚皮两侧的体液像水泵一样压上来又落下去，非常有趣。每当新鲜桑叶撒进去以后，它们会变得特别亢奋，再不像小时候那么挑三拣四了，而是就近找地方下口，脑袋拼命地一点一点，黑色火柴头样的嘴巴里发出轻微的"叭嗒叭嗒"声，然后那片桑叶眼见得一点点消失，简直像变魔术。

蚕宝宝的身体由纯白变成淡黄，体长也开始略微收缩时，卉紫很有经验地说："要上山了。"

金铃赶快去拿早已经准备好的细树枝，沿鞋盒四角纵横交错地摆开。果然就有一条蚕探头探脑地往上爬。爬了一半，想想又不对劲似的，再下去，很挑剔地吃了几口桑叶，换一个角度再爬。金铃有点替它着急，伸手拈起它放到几根树枝间，免得它那么犹豫、费劲。蚕宝宝却一点都不领情，固执地从那几根树枝间爬下来，这回干脆就不动了。

卉紫说："你别动它，它得自己挑选一个合适的归宿。"

金铃为蚕宝宝拒绝她的帮助而生气，认为它们毕竟智商太低，不懂感情。如果换了是一条狗，主人对它这么好，它早就摇头摆尾快活得不知天上地下了。金铃惋惜地说："我真想养一条狗啊！"

卉紫扭过头，装作没听见。她想她养一个孩子还觉得费劲，岂能添上一条狗？那都是有闲阶级才干的事。

第二天早上起来，金铃头一桩事情便是去看蚕宝宝。

她看见树枝间已经结成了两只很薄很薄的蚕茧，一只雪白，一只淡黄。透过稀稀的丝络，可以看见蚕宝宝的身体已经缩得很小，在茧中蜷成一团，头部努力地动着，一下一下吐出丝，沿着那薄壳的四周均匀加厚。

金铃跑到卉紫和金亦鸣的房间里说："我有个想法，将来我可以当个蚕丝专家吗？"

金亦鸣一边往脑袋上套着一件汗衫，一边答："当然可以，你做什么爸爸都支持你。"

金铃转向卉紫说："妈妈你呢？"

卉紫说："希望你当个有成就的蚕丝专家。"

金铃于是就展开想像："我要从种桑树开始。我有一个很大的园林，种出来的桑树是彩色的，有金黄，有桃红，有湖蓝，有玫瑰紫，有鸭蛋白，有苹果绿……我的蚕每条起码重半斤，它们一顿能吃 5 公斤彩色桑叶，10 天就可以上山结茧。吃什么桑叶的蚕，结什么颜色的茧。还有吃混合桑叶的，结出茧叫'梦幻组合'色，是世界上最奇妙的色彩。我把这些茧子送到我自己的工厂里，抽出蚕丝，织成丝绸。你们听着，下面才是我最想做的：我是全世界最伟大的时装设计师，我设计的时装只用我自己的丝绸制作，所以不可能有任何人来跟我竞争。我的模特儿都是超一流的，她们以能够做我的模特儿而自豪。每年好莱坞举办奥斯卡奖的授奖仪式时，我的办公室可忙了，因为预订时装的申请信一张接一张传真过来，秘书直喊太累了，眼睛都看花了，我只好给她发奖金。有一架飞机就停在我的办公室外面，专等着运送时装到好莱坞。当然这钱由影星们出，谁让她们那么迫不及待地想漂亮呢？"

卉紫忍住笑问："你赚钱了吗？"

金铃一脸愁苦："是啊，我怎么就一不小心赚了大钱呢？弄得秘书老要来问我：钱太多了，房子里装不下了，要不要从阳台上扔下去一些？"

卉紫绷住脸说："你不该把现钞放在办公室里，应该买一辆运钞车，专门替你往银行运钱。"

"如果银行嫌我的钱太多，金库装不下，怎么办呢？"

"好办，分送到各家银行，每家送一车。"

金铃想了想说："还是太麻烦。我想最好是全部捐给希望工程。"

卉紫说："也好，免得惹别人想坏主意。"

金亦鸣忍不住叫起来："行了，早饭还没着落呢！金铃帮爸爸做点事，去买几根油条。"

金铃说："真是的！爸爸这人太不浪漫，怎么会一下子想到了油条呢？扫兴！"

金亦鸣说："我是怕你梦做得太美，等一会儿做习题又错误百出。"

金铃很有把握地说："不会的。"

等她拿了钱下楼去买油条，卉紫对金亦鸣说："你是不是觉得这事有点怪？金铃的数学成绩上得太快了，坐火箭都没这么快的。"

金亦鸣想了想，也承认是有些快了。但是他又认为这是"功到自然成"，金铃这些年一直屈居人后，也该有个"一鸣惊人"的时候。

"她笨吗？她一点也不笨。从前考不到好成绩是她学习没开窍，玩心太重。女孩子就是这样，说懂事就懂事。你呀，以后可以少操点心。"金亦鸣说。

卉紫却没有金亦鸣这么乐观。做妈妈的天生是个操心的命，孩子成绩不好要操心，孩子成绩好又要操心，担心别又是背后做了什么小动作，抄了同学的答案。她准备过一两天要到学校去一趟，找张老师问问金铃的情况。

邢老师不知道从哪儿弄来了几张外国语学校的历届入学考卷，拿到张灵灵家的补习班上给大家做。金铃做完了回家，眉飞色舞地告诉卉紫得了最高分：82。

卉紫嘲笑她："82还能算最高分？"

金铃马上惊呼："好难噢！你简直不知道有多难！不信我出道题你试试：写出10个以'一'字开头的成语。记住，是成语，说得出典故的那种，不是随便凑四个字就行。"

卉紫扳着指头说："'一日千里'、'一毛不拔'、'一枕黄粱'、'一诺千金'、'一钱不值'、'一鼓作气'、'一曝十寒'、'一箭双雕'……"

卉紫有点卡壳了。平时会那么多"一"字开头的成语，冷不丁要说出 10 个，就觉得思维阻塞了似的，话都被堵在嗓子眼里冲不出来。

"怎么样？不行了吧？"金铃洋洋得意地看妈妈的笑话。

卉紫猛然又憋出两个："'一字千金'、'一饭千金'。"

"3 个'千金'了，重复太多，扣分！"金铃叫着。

"那你呢？你还能说出几个不一样的？"

"'一鸣惊人'！'一败涂地'！"

卉紫笑起来，承认自己老了，反应不及金铃来得快捷了。这下子她知道了考试要得高分是实在不容易的，首先是你得会，其次是你得在短时间内调动脑子的库存，不能允许有任何空白和遗漏。差之毫厘，就与你期盼中的 100 分失之交臂了。

她心里想，要求孩子总得 100 分真是不科学的事。

有一天下午她在杂志社里开会，余老太没完没了地讲下一期的组稿任务、版面安排、要拉的广告等等事情，等散会后一看钟，已经 6 点了。卉紫对余老太说："我得走了，女儿身上没带钥匙，放学进不了家门。"

余老太赶快拉住她："还有件事，封面人物照片……"

卉紫没好气地回她一句："用你自己的吧。"

余老太摇着头对另外的人说："赵卉紫有没有到更年期？怎么这些日子情绪一直不太对？"

卉紫听见了这句话，可是她懒得回答。她急匆匆到车棚里推出自行车，骑上去就往家里猛踩。回家晚了可不是玩的，金铃每天晚饭后都有一大堆作业要做：一张要求背熟的外语词组表；一张语文综合卷，加几个单元的词语解释；一张数学卷，也许另加一张口算题，或是一张应用题。弄不好语文再加一篇作文，那就更惨，金铃的眼睛会熬得像兔眼，上下眼皮打架，使劲揉都没法揉开。卉紫特地为她准备了一堆眼药水，必要时靠药物刺激。

过了 6 点钟，路上的人流已经不算太拥挤了。卉紫在离家很近的路口发现金铃的同学李小娟，那孩子背着大书包站在路边上，头仰得老高，不知道在干什么。卉紫骑近了才发现，树上正有一只黄绿色的毛毛虫顺着一根细细的长丝吊下来，悠悠荡荡，十分闲适的样子。

卉紫跳下车，对李小娟说："别动它，毛毛虫蜇人很厉害的。"

李小娟回过头，很有礼貌地笑了笑："阿姨我知道，我看它是为了写一篇观察日记。今天老师在班上读了金铃写蚕宝宝的一篇，写得真好。"

卉紫心里很高兴。有人赞扬自己的女儿，做母亲的当然开心。这时候她忽然想起李小娟是跟金铃一块儿参加数学补课的，就问她："金铃回家了吗？"

李小娟说："早回了。我今天晚了是因为值日。"

卉紫惊讶地问："张老师不是每天都留你们补课吗？"

李小娟比她更惊讶："张老师？没有啊，他从来没留我们补课。"

卉紫心里说：坏了，问题大了，金铃每天放学后不是在学校里呆着的。她顾不得跟李小娟再说什么，掉转车头又往学校里骑。

此时已经 6 点半钟，学校的操场和游乐场里都空无一人。夕阳的余辉照在教学楼上，紧闭的玻璃窗反射出一团团金色的光。卉紫慌慌张张冲进楼内，看见校长制作的那座"倒计时钟"正显示出"36 天"这个让人心惊肉跳的数字。卉紫三步并作两步地往楼上跑。一楼、二楼、三楼全部都是寂静无声，只有四楼六年级教室里还有一些人在写作业，有两个老师"镇山塔"一般端坐在讲台边不动，等着学生们做完题目轮番送上去检查，合格的就挥挥手放走。

卉紫扒着窗台往里面看看，两个教室里都没有金铃班上的同学。

　　一个老师见她在门外探头探脑，就走出来问她找谁，卉紫问见没见一班的张老师，那老师笑笑说："他妻子快生小孩了，他还能不回家？"

　　卉紫深一脚浅一脚地下楼，浑身软得一点力气都没有。金铃每天放学之后到哪儿去了呢？她为什么要对家里说谎呢？难道干什么坏事了吗？

　　越想越可怕，简直不敢再想下去。

　　等卉紫气急败坏回到家里的时候，金亦鸣已经回来了，正笨手笨脚地在厨房里淘米煮饭。金铃站在水池边对爸爸指手画脚，书包还背在肩上，看样子也是刚刚到家。父女俩有说有笑十分轻松。

　　卉紫喝道："金铃你过来！"

　　金亦鸣和金铃的两颗脑袋同时从厨房里探出来，两个人都吃了一惊。金铃见妈妈脸色严峻，不敢违抗，磨磨蹭蹭地从厨房里走出来问："有事吗？"

　　卉紫连珠炮般地发出问题："今天是几点钟放学的？放学后你有没有立刻回家？你到哪儿去玩了？你每天都到哪儿去玩？"一抬头看见金亦鸣跟出了厨房，卉紫就更加生气，"管管你的女儿吧！问问她每天这段时间都干了什么！"

　　金亦鸣很有点摸不着头脑："干什么了？不是老师给她

补课了吗？"

"金铃你自己说，是老师补课了吗？"

金铃倔强地抬起头："是的，是老师给我补课了！"

"可我今天去了学校，张老师很早就回家了。我还碰到了李小娟，李小娟说从来没有补课这回事。你怎么解释？"金铃低下头，不吭声。

卉紫很痛心地说："你实在想玩，可以告诉妈妈，我不是绝对禁止你有自己的时间，可你不该编出谎来……"

金铃忽然打断卉紫的话："我没有说谎！真的！如果不是补课，我的数学成绩怎么会提高了呢？"

金亦鸣赶紧附和："是啊是啊，这是摆在我们面前的一个现实。"

"不排除其中有别的原因。"卉紫说着，狠狠瞪了金亦鸣一眼，因为他对此时她所做的教育工作没有配合默契。

金铃十分伤心地说："妈妈不相信我。妈妈心里一直认为我是个坏孩子，连我考了好成绩都不肯相信。"

卉紫发现金铃眼圈已经有点发红，一时竟不知道信好还是不信好。她茫然地说："可你为什么不肯告诉我实话呢？你放学后到底去了哪儿？"

金铃恳求地说："妈妈，请允许我有一个秘密，行吗？你们大人都有自己的秘密，我也应该有。反正我肯定没干什么坏事。"金亦鸣满脸是笑地圆场:"好了，妈妈就同意了吧，金玲的确有这个权利。以后适当的时候，金铃自己会告诉妈妈的，金铃，对吗？"

金铃说:"我保证。"

二十四　妈妈当了侦探

　　蚕宝宝全部结出了茧子，有一颗淡黄色的，一颗金黄色的，一颗橘黄色的，其余都是雪白的。有的是标标准准的椭圆；有的两头鼓中间细，像一颗花生；有的却像鸡蛋，一头小点儿，一头大点儿。拿一颗握在手里摇摇，茧壳是硬硬的，里面有什么东西"嘟嘟"发响。卉紫告诉金铃说，发响的东西就是蚕蛹，用油炸了能吃，营养价值很高的，外面饭店里就有这道菜。

　　金铃很不忍地说："可它们还是活的呀！真残忍！"

金铃用一个塑料袋把蚕茧盛了，放进书包里去。卉紫问她干什么，她说要带给一个人看。

"你可别在上课的时候摸它，当心老师没收了你的。"

金铃大大咧咧地说："我连这一点自制能力都没有吗？"

卉紫好笑地想：要有才怪。

上班时，卉紫接到了馨兰的一个电话。馨兰告诉她说，外国语学校今年要扩招一个收费班，每个学生收 4 万块钱，已经有不少家长去登记了，她问要不要帮金铃也登记一个？

卉紫很吃惊地问："怎么要收 4 万？去年不是才两万五吗？"

馨兰就笑："去年的黄历今年能翻吗？物价也是在年年涨的呀！"

馨兰俨然成了外国语学校的一员。

卉紫想，两万五还能挣扎着凑出来，4 万就太可怕了，交了学费，一家人还要不要过日子？再说以后金铃上高中呢？上大学呢？都要这么交费，把她和金亦鸣扒光了皮熬油也不够。

卉紫说："算了，她能考上更好，考不上是她自己没福气，谁让她生在我们这种普通老百姓家的呢？"

馨兰叫着："咦呀，前些日子你不是还赌咒发誓的……"

"那是前些日子。现在我的雄心壮志已经烟消云散，一切从现实出发。"

余老太听见了卉紫打的这个电话，赞许说："我看你这回心态不错。干吗要自己把自己逼上绝路呢？普通中学就不是人读的了？"

卉紫叹着气说："人往高处走，水往低处流啊！"脸上不免就有些怅然若失的神气。

傍晚下班，卉紫没有直接回家，顺道拐进菜场买菜。正低头跟一个鱼贩子讨价还价的时候，眼角里忽然瞥见一个胖乎乎的跳跳蹦蹦的身影。卉紫赶快抬头，大喝一声："金铃！"

金铃没有想到会在这里碰上妈妈，一下子愣住了。她肩上背着沉甸甸的书包，手里拎的正是那袋蚕茧，满脸欢喜的笑容非常尴尬地凝固在脸上。

卉紫说："放学不回家做作业，跑这儿来了！"

金铃张了张嘴，正要说什么，卉紫厉声说："可别告诉我老师留你补课！难道你们老师的家搬到了菜场？"

金铃将嘴一咧，努力做出一个讨好的笑："我没有说老师家住这儿啊！你瞧，是同学……我们有个课外小组……"她猛然发现了什么似的，睁大眼睛，伸手往前一指，"妈妈快看！到了一卡车西红柿！"

卉紫下意识地顺着她指的方向看，果然有一卡车西红柿在卸货，四周已经闹哄哄围满了想买的人。这是公家菜场运来做调剂的时鲜菜，价格比小贩的要公道许多，卉紫能碰上是运气好。

卉紫跟着人群走了几步，才想起金铃。回头找她时，哪里还有影子！原来小东西用的是"金蝉脱壳"计。卉紫心里一时又好笑又好气。

卉紫买了菜回家，又拣又洗，忙得差不多了，金铃才回来。金铃回来前是准备妈妈要发火的，所以她事先用一张纸写了几个大大的字："说话算话！"人没进门，先把这张纸用根小棍子挑着送进去，差点儿捅到卉紫脸上。

卉紫没好气地说："不就是怕我问你放学去哪儿了吗？我不问就是了。"

金铃收了纸和棍子，缩头缩脑地进门，也不敢嚷嚷肚子饿了，更不敢钻进厨房追问卉紫今天吃什么，一脚就溜进了自己的房间，不声不响地打开书包做作业。

卉紫见金铃这样，又觉得女儿还是挺识相的，想说几句也说不出来了，一个人在厨房里闷闷地烧饭做菜。

吃饭的时候两个人也是一声不响，各有各的心思。金铃祈祷的是妈妈千万不要逼她说出秘密，她不能违背对孙奶奶的许诺。卉紫盘算的是一定要想办法弄个究竟，金铃放学到底去了哪儿？耽误学习还是小事，万一被坏人骗了，可不是要让做母亲的痛悔终生？毕竟她是个 12 岁的女孩子，又长得珠圆玉润、人见人爱的。

只有金亦鸣没有察觉饭桌上的沉闷，他今天的情绪非常激动，因为公安局来人抓走了他们系里的一名研究生，原因是研究生在一家商店里偷窃电脑，被人发现后居然丧心病狂杀死了一个目击者。

"教训啊，教训啊！"金亦鸣用眼睛看着金铃，"这个研究生学习一向出色，考进我们系的时候总分是第一名！瞧瞧，竟然会做出这样的事情。听说他母亲接到消息后当时就昏过去了。谁受得了这样的打击？培养一个人多不容易，思想一犯邪就把自己毁了，把他的家庭也毁了！可见学习成绩如何并不是第一要紧的事，要紧的是懂得怎么做人。"

卉紫脸白白的。金亦鸣的话更增添了她的担忧，使她不能不撕毁前约，下决心侦察出金铃的"秘密"。她用眼睛偷偷去看金铃，金铃也偷偷地看她呢，两个人目光一接触，赶快分开，装作没事人一样。

第二天卉紫赶在 5 点钟之前就下班回家，菜也不买了，直接把车子骑到了新华街小学门口，隐蔽到了一片树阴之下，和一些等着接孙子孙女的老头老太太们站到了一起。

一个慈眉善目的老太太站得无聊，主动找她说话："孩子上一年级还是二年级？家里没有老人帮忙照应吗？"

300

卉紫嗯嗯啊啊地含糊其辞。老太太就自言自语嘀咕，说些孩子放学太晚、作业太多之类的话。

校门内有一群群孩子出来了，都是些低年级学生，规规矩矩排着队，过了马路之后便扬手跟护送的老师再见。老太太接到了孙子，立刻替小孙子拿过书包，又递一根火腿肠在孩子手上，祖孙两个攥着手走回去。

半小时之后是中年级的孩子们。这一群可没有刚才的孩子那么守规守矩了，一个个脚底下安了弹簧似的，走路浑身都动，脑袋不住地转前转后交换有趣的新闻，再就是把路上的石子当皮球踢来踢去。一旁的老师上一天课都累得够呛，这会儿便懒得再管，只看着他们别冲上马路就行。

6点之后，才开始有六年级的学生陆陆续续走出校门。他们没有整队，而是按照自习课完成作业的情况，完成快的先走，完成慢的后走。那校门就像一只钢筋水泥雕成的大嘴，一会儿吐出来两个，一会儿吐出来两个，怎么也不肯痛痛快快地吐一次。

卉紫把自己隐在一棵梧桐树后，不让金铃一出校门就能看见她的身影。她看见金铃的班长胡梅第一个出来，然后是刘娅如，然后是总被金铃忿忿不平地提在嘴边的那个男孩倪志伟。再接着大门就吐出了小胖子金铃，她是跟好朋友杨小丽手拉手走在一块儿的。卉紫自慰地想：还算好，看来她作业做得不慢。

两个女孩子在校门外分手，一个往左，一个往右。金铃单独一个人的时候走得飞快，仿佛要去赶赴一个很重要的约会而又时间不多了。卉紫推车在后面跟着，与金铃斜隔着一条马路。

金铃从菜场旁边的巷子进去，沿路只飞快地光顾了一下卖日本卡通画书的小摊子，就熟门熟路地拐进另一条巷子，走了约摸20米远，停在一个很旧的铁栅门外，伸手按门铃。卉紫立在巷口，借一个带雨篷的报摊做掩护，瞪大眼睛不敢有丝毫疏忽。

片刻，铁门打开了，开门的人不知道跟金铃说了句什么，金铃笑得仰起了圆鼓鼓的脸。她几乎是跳着蹦着走进门内。

卉紫很着急，从她站立的角度只能看见门外的金铃，看不见开门者是男是女、是老是少。卉紫是下了大决心要弄清情况的，所以一急之下也顾不得会不会让金铃发现，把手里扶着的自行车往报摊上一靠，说："麻烦看一看。"抬腿就往巷子里奔。围着报摊买报的人见卉紫一个40来岁的女人突然间急得像救火的样子，纷纷抬了头看她跑。有人还关切地问："她的钱包被人扒了吗？"更有好心的人顾不得多问，撒腿跟着她就跑，一副见义勇为要帮她追回钱包的架

这一耽搁，卉紫赶到铁门外面的时候，金铃和那个开门人已经亲密地挽扶着上了小楼门口的台阶。卉紫惊讶地发现那是个白发苍苍的老太太的背影，老人因为腿脚不灵便拄着一根拐棍。

势。卉紫只得停下脚步，回头对身后的人说："没事，我跑步练身体呢。"跟着她跑的人这才止步，摆出一脸上当受骗的愤怒。

这一耽搁，卉紫赶到铁门外面的时候，金铃和那个开门人已经亲密地挽扶着上了小楼门口的台阶。卉紫惊讶地发现那是个白发苍苍的老太太的背影，老人因为腿脚不灵便拄着一根拐棍。

这背影好熟！卉紫在心里费力地想。这是谁？金铃怎么会跟她认识，又天天放学后到这里来消磨一段时间？消磨时间的结果，金铃的功课非但没有耽误，还一天天有了进步！奇怪奇怪……

卉紫走回报摊取她的自行车。摊主手一伸说："两毛钱。"

卉紫莫名其妙："什么两毛钱？"

"我帮你看自行车，你可不是要付两毛钱吗？"摊主振振有词。

卉紫心里有事，懒得多说，掏出两个硬币扔到摊子上，推了车就走。走了一半的路她才想起：我的天哪！这老太太不是早先赫赫有名的特级教师孙淑云吗？去年"三八"妇女节杂志社搞了一次妇女界人士大联欢，孙淑云还被余老太用小车接到会场上坐了坐。听说孙老师继承过什么人的遗产。天哪天哪！我怎么居然一时想不起来了！

卉紫为自己的发现而激动，自行车也忘了骑，就那么一路推着回到家。在楼道口碰上先她一步进门的金亦鸣，她慌慌张张又结结巴巴地对他说："不得了，不得了……"

金亦鸣也跟着慌起来，连声问她："怎么了怎么了？"

卉紫就站在楼下把自己的发现告诉金亦鸣。金亦鸣松了一口气："你以后遇事沉住气好不好？幸亏我没有心脏病。"

卉紫惊讶地说："你让我沉住气？这可是发生在金铃身上的事啊！"

"总之，只要不是金铃遭人绑架，你大可不必如此激动。"

卉紫不计较金亦鸣的态度，一面跟着他往楼上爬，一面气喘吁吁告诉他，孙淑云可不是一般的特级教师，全国都很有名的，她在上小学的时候就知道孙老师的名字了。孙老师创立过一个什么数学教学法，具体是什么她搞不清楚，总之是很了不起的。

"你想想，每天给金铃补课的原来是她！我的天，金亦鸣你想想！"

金亦鸣站在房门口，一边掏钥匙开门，一边说："这事情是有点奇怪。也许孙老师家的孩子跟金铃是同学？是好朋友？孙老师顺便帮金铃一个忙？"

卉紫说："我得问问清楚。"

金亦鸣连忙说："千万别问。金铃既然把事情视为一个秘密，对我们守口如瓶，你还是遵从孩子的意愿为好。"

卉紫哪里能忍得住呢？金铃一回家，她就笑眯眯地围着金铃团团直转，问女儿渴不渴，又问她饿不饿，还问学习累不累。金铃被她问得害怕起来，跑到房间里对金亦鸣说："妈妈今天有没有吃错什么药？"

金亦鸣责备她："别乱说！妈妈好好的，干吗吃药？"

金铃认真地说："我听人说，吃药吃错了会产生幻觉，行为古怪。"

金亦鸣扑哧笑出来，让金铃觉得爸爸也有点神经兮兮。

晚上金铃做作业，卉紫找个借口坐到她旁边，轻言细语地问她："你是不是觉得这些日子脑子里很有条理？"

金铃说："是啊。"

"计算不容易出错了？"

金铃点头。

"每次做难题，都有个声音在提醒你该怎么做？"

金铃警惕起来，皱了眉头看着妈妈："你什么意思？"

卉紫笑笑："没什么。我是说……你要珍惜……这是不容易……真的。"

"妈妈！"金铃很严肃地叫了一声。

卉紫知道自己再说下去难保不漏出"孙老师"这几个字，于是慌慌忙忙逃出金铃的房间。

做人一向认真的卉紫几个晚上都睡不好觉，想到孙老师对金铃的帮助，心里就激动，就觉得欠了人家什么。滴水之恩当涌泉相报，何况这是在金铃考试前夕的最具权威性的指点？金铃的成绩立竿见影地有了提高，卉紫怎么能不感激涕零呢？

　　卉紫跟金亦鸣商量，要登门拜望孙老师一次，当面表示谢意。金亦鸣认为这不太妥当，很可能老人不愿意对外面承认这件事。卉紫反驳他："这怎么行呢？既然我知道了，再装不知道，就是我的失礼，我可不能做这样无情无义的事。"

　　结果卉紫还是执意去了。

　　去就不能空手，这是礼节。送什么样的礼品才不至于唐突也不至于俗气，卉紫费了一番心思。先是想买些补品，觉得太一般化了；又改为一套紫砂茶具，还是觉得不妥；最后改成一套字体较大的《金庸全集》。老年人闲来无事，看看金庸的武侠小说应该合适。

　　卉紫是在下午 3 点钟的时候按响铁栅门的门铃的，自然有故意避开金铃的意思。老人拄着拐棍来开了门，把卉紫当成了街道医院随访老年人的医生，连连声明她身体很好，不必检查。卉紫忍住笑说："我不是医生，我是金铃的妈妈。"

　　老人的眼睛眯起来，不高兴地望着卉紫："她把补课的事告诉你了？"

卉紫连忙坦白了自己跟踪金铃的经过。

老人沉默了一会儿，说："我们有个约定，如果这事让别人知道，补课就立即停止。所以，你最好告诉金铃不要再来了。"

卉紫大惊，一身冷汗都急了出来，连声问老人这是为什么。老人说，也不为什么，她只不过忌讳成年人插入她和孩子的世界。

"那我立刻就走，只当我什么都不知道。"

"可你已经知道了。"老人很固执地说，"我和金铃的游戏方式被你打破了，再做下去就没什么意思。"

"金铃的数学成绩刚有起色……"

老人摆摆手："你错了，这不是我的功劳，我什么也没有帮她。我只是让她对自己有了信心，让她明白她可以做得一条不错。她做作业，我坐在旁边看着，如此而已。"

"她信任你……"

"她也可以信任你，不是吗？"老人淡淡地笑了笑，"她是个很可爱的孩子，很想要好。可惜我们的游戏要中止了。"

"不能再……"

"不，我不能。我从来不收回我说过的话。"

卉紫望着老太太固执的面容，心里懊悔得简直要把自己吃下去。

带去的《金庸全集》，老人当然拒不肯受，只答应借着看看，看完还让金铃拿走。"我值不到这套书的钱。"她对卉紫这么说。

金铃当天傍晚再去时，果然就被拒之门外。孙奶奶只同意她以后每星期天去一次，帮助给花园除草移苗什么的。金铃回家气得宣布绝食，可惜只坚持了两个小时。面对妈妈真诚的道歉，心软的金铃无论如何都要给予原谅。

好的是数学成绩一直平稳上升，进入了班上前 10 名。也许星期天的拜访始终是金铃的学习动力，她不想使喜欢她的孙奶奶失望吧？

二十五　最后一个儿童节

　　5月31日的下午5点钟，邢老师收齐了有关古诗赏析的最后一张测验卷。她将杂乱的卷页在讲台上堆放整齐，装进一只蓝色尼龙包里。课堂里嗡嗡的一片人声，像春天里无数蜜蜂在花间喧闹。有人下位还同学的橡皮钢笔什么的，有人用劲地伸着懒腰，吐出长气。用功的学生，比如胡梅，则不声不响把脑袋埋在座位下翻看语文参考书，希望立即知道自己刚才的答案是否正确，有没有写错别字。

　　金铃抓紧时间拿出数学练习本做作业。倒不是她有多么用功，实在因为她很想看最近电视里放的一个美国系列喜剧片《成长的烦恼》。妈妈坚持说这片子金铃早在上幼儿园大班的时候就看过一遍了，可是金铃一点印象没有，所以她每天都心痒痒地想看。片子在晚上 8 点到 8 点半之间播出，到时候金铃只要做出一副困倦的样子，走到客厅里说："今天的作业已经全部做完了，我可以休息一会儿再做你们布置的作业吗？"妈妈基本上是无话可说的。即使妈妈不同意，爸爸也会同意，爸爸会帮着金铃恳求妈妈，结果当然是少数服从多数。

尚海捅捅金铃的胳膊："这么抓紧？你不合算的！反正你妈也不会让你闲着，学校作业做完了还得做家里的，倒不如慢点做好。"

金铃有点生气地把作业本送到尚海面前："看看，被你一碰，画出这么长的墨水杠，我还得重写。"

尚海就捂住嘴幸灾乐祸地笑。

邢老师收好了试卷之后，用粉笔擦轻轻地敲着讲台："同学们静一静！静一静！听我说一句很重要的话。"

也许因为邢老师强调了"重要"两个字的原因，教室里一下子静下来了。于胖儿的反应比较迟钝，还侧着身子跟后面的李林说话，胡梅伸手过去推他。于胖儿猛一回头，见教室里几十双眼睛都盯在他身上，吓得一吐舌头，慌忙转过身坐得端端正正。

邢老师伸出一根手指,对教室里每个同学都点了一圈:"有谁记得明天是什么日子?"

同学们都愣住了,你看我,我看你,谁也不敢开口。

邢老师故作惊讶地睁大眼睛:"怎么?每年的'六一'儿童节,你们最喜欢的日子,都忘了吗?"

话音刚落,全班同学欢呼起来,拍手跺脚,热闹非凡。

金铃想:可真是的,每天不是测验就是考试,差点儿把自己的节日忘了。

尚海附在她的耳朵边轻声说:"我没忘,可我没好意思说,怕邢老师怪我贪玩。真的!"

金铃不屑地看他一眼:"算了吧,你就会马后炮。"

邢老师又一次拍手,让大家安静:"明年这时候你们都是中学生,中学是不给儿童节放假的,所以,实际上这是你们一生中最后一次过'六一'儿童节。"

邢老师说完这句话后,似乎有那么一点点伤感,轻轻抿了抿嘴。全班同学一动不动,显出了从未有过的肃穆和庄重。李小娟的眼睛开始发红。于胖儿则把嘴张得大大的,一副吃惊和茫然的模样。

"最后一个儿童节,我们应该把它作为告别童年的日子,要过得有意义,令自己一生难忘……"

倪志伟在下面大声插话:"老师,我们再搞一次联欢会吧!"

马上有人反对:"绝对来不及!现在已经快6点钟,商店都要关门了,再说也没法准备节目。"

尚海跟着嘀咕一句:"对,晚上还有数学和英语作业,10点钟都做不完。"

金铃站起来说:"干吗要那么庸俗,不是吃就是玩?我们可以开个有意义的主题班会,大家在一起谈谈理想志愿什么的,也许写作文还能用上。"

邢老师马上肯定:"很好,是个好主意。或许我们还应该照些相片?将来同学聚会的时候,或者我们大家老了的时候,翻开相册看看,原来我们也曾经有过童年!多有意思。"

倪志伟把手臂几乎举到了天花板:"我带相机!我家里有两个相机,照相我也会!"

"好,那就请倪志伟同学带相机。"邢老师点点头。

金铃一回家,马上钻到卉紫的房间里翻衣橱,把衣橱里所有的衣服都拖出来了,在床上堆成一座小小的山。

卉紫听见响动,跟着到房间里来。她跨进房门就大叫一声:"我的天!"紧赶两步上去抓住金铃的手:"你乱翻什么?房间里像不像进了窃贼?"

金铃问她:"我那件粉红色的裙子呢?"

"哪件？"

"领口有花边的那件。"

卉紫哦了一声："那件啊！我得找找，不知道放哪儿了。可你不能穿裙子，你太胖，裙子会暴露你的缺点。"

金铃固执地坚持："不，我明天一定要穿裙子。"

卉紫惊讶地看着金铃，这孩子怎么啦？以前从来没有讲究过穿衣打扮啊？片刻之后她才想到什么，拍拍脑袋："对了，明天是'六一'儿童节。"

卉紫开始爬高落低地在衣橱中为金铃找那条裙子。找到之后发现被压得很皱，又拿出熨斗熨平，喊金铃过来说："试试吧。"

金铃一试，裙子小了，腰里的拉链拉不上。卉紫说："瞧，我说不合适。"金铃咬住嘴唇，有点要哭的样子，抱着裙子不肯放："不，我明天一定要穿裙子。"

卉紫想了想，觉得能够理解女儿的心思，就动手把拉链拆开，在裙腰上做了一番修改，使它变得宽大了一些。为掩盖修补的痕迹，她又将自己的一条白纱巾缝到裙子领口上，胸前松松地系一个白蝴蝶结，背后纱巾拖下去的一角正好遮住拉链。金铃在镜子里看了又看，非常满意。

第二天到学校，金铃发现全班同学不约而同都穿上了自己最好的衣服，女孩子一律是裙子，男孩子都是西装短裤配很正规的衬衫，红领巾系得端端正正。就连很少修饰打扮的邢老师，这天也穿了一套新买的碎花套裙，脸上化了淡妆，看上去年轻了许多。

黑板上的美术字是邢老师特地请美术老师来帮忙写上去的。"最后的儿童节"，用的是海水一样深蓝的粉笔，很有劲的字体透出一种沧桑的意味。

邢老师微笑着说："我们今天最好谈点儿心里话，大家都像朋友一样，很随意地把自己最想说的愿望说出来。千万别像从前那样说一些场面上的豪言壮语。"

从来不举手发言的李林忽然站起来，涨红了面孔问："我要是说了心里的想法，你不会留我站办公室吗？"

全班一阵哄笑。邢老师好不容易才把自己的笑忍住，认真回答："不会。我说过了，今天大家都是朋友，朋友之间是可以随便谈的。"

李林的样子很激动，他张着嘴，一下子又说不出话，就用劲憋住气，把一张脸都憋得发紫了。正在大家替他着急担心的时候，他猛然放出一炮："我想发明一种很特殊的遥控器，由我们同学来控制校长和老师。"全班同学目瞪口呆时，他跟着再补充一句："只控制校长和老师，别的什么都不控制。"

有半天时间，教室里寂静无声。所有人的面孔都有点发白，他们被李林这句惊世骇俗的话深深地震撼了、惊呆了。尚海咧了咧嘴，有点想笑，最终那笑纹还是凝固在脸上，变成了一种似哭似笑的窘迫。金铃不想笑，身子微微有些发抖，手心里潮潮地渗出冷汗。

片刻之后，邢老师第一个回过神来，和颜悦色地问："李林同学，你为什么会这么想呢？你恨学校吗？"

李林点点头："因为我现在被校长和老师控制住了。我每天6点钟就起床了，那时候我爸我妈还睡得香呢。我总是没完没了地做作业，连星期天也是。星期天我爸给我请了家教，要补数学、英语和语文三门功课。我只要一摸游戏机，我妈就叫：考试都不及格，还想打游戏机啊？可我就是不能考及格，班上的同学学习都太好了，一个比一个好，我恨那些学习好的人。"

他用眼睛向胡梅和刘娅如望过去，两个女孩子慌忙低下脑袋。

尚海小声赞叹："太解气了！"

金铃瞪尚海一眼，尚海也回瞪金铃一眼，仿佛说："不对吗？"

金铃附着尚海的耳朵说："你能不能别打岔？"

李林继续说："我有一次做了一个梦，梦到我发明了一种神奇的遥控器，校长、老师全部听我们学生指挥。"

李小娟下意识地缩一缩脑袋，小声惊呼："妈呀！"

李林说："我醒来一想，这真是好极了。要考试了，我们一按遥控器,校长和老师就带我们去春游、秋游、野营、玩打仗的游戏。作业太多了，我们一按，校长和老师就把题目带回去自己做了。我们只控制学校，我保证！"

"那家长怎么办？"尚海突然问。

李林一愣，想了想说："那……也控制起来吧。"

男孩子开始兴奋，跺脚，吹口哨，做各种各样的手势。

邢老师问："是不是你们都赞成李林的想法？"

有人高叫："对！"

"有多少人赞成呢？举手让我看看。"

教室里一大半的男孩子都举了手。杨小丽略略犹豫一下，也把手低低地举了一半。她拿不定主意，用眼睛去看金铃，金铃便隔着两排座位对她竖竖大拇指。

邢老师夸张地叹着气："我很遗憾，有这么多人不喜欢考试、做作业，我做班主任的失败了。"

尚海有点于心不忍地插嘴说："这不能怪你，你是被校长要求这么做的。"

"可校长又是被谁要求的呢？"倪志伟自作聪明地望着大家。

邢老师摆摆手："这问题太重大，也太严肃，今天讨论不合适。我们还是接着刚才的话题吧。还有谁想说？"

于胖儿慢吞吞地站起来。"我跟李林的想法不一样。"他说，"我不想控制学校，这是要出问题的。如果有一天我遇到一个好心的神仙，他允许我有一个愿望，我一定要让自己有钱，有很多很多钱。"

全班女生不约而同地大笑，张灵灵甚至笑得趴倒在桌上，差点儿把桌子弄翻。

于胖儿的"铁哥们"钱小钢替朋友不服气，责备女生们说："这有什么可笑的呢？难道你们不希望自己有钱？"

"不是……"张灵灵笑得上气不接下气，断断续续地说，"于胖儿……于胖儿那样子……趿拉着鞋……他上课还吃东西……他像个……像个有钱人吗？"

这回连男生们也忍俊不禁，偷偷把头埋下去笑起来。于胖儿总是在上课铃打响时趿着鞋奔进教室的狼狈样，的确跟电视里风度翩翩的大亨形象相差过远。

钱小钢很气愤地使用了一句文绉绉的话："笑什么？'士别三日，当刮目相看'。等于胖儿以后真的有钱了，把你们这些女生一个个气死！"

于胖儿说："我有钱了以后别的什么都不做，专门造学校。"

邢老师表扬他："不错，教育是立国之本，希望工程就希望大家捐助。"

于胖儿摇摇头："我的学校跟希望工程不是一回事，我是专门用来对付大人的。请大人到学校里上课，做作业，考试，题目要出得很难很难，考及格了才可以出校门。"

现在是全班同学哈哈大笑了，东倒西歪的，前仰后合的，揉肚子的，擦眼泪的，笑倒在别人身上的，简直是"笑"态百出。

于胖儿茫然地看着大家："我说得不对吗？难道你们有人喜欢上学？你们不愿意让大人们也尝尝上学的滋味？"

刘娅如说："大人也是上过学的！"

胡梅嘀咕道："不上学？不上学那从哪儿学到知识呢？"

金铃站起来说："我有个好主意，我希望将来能发明'时光机'，真正可以使用的那种。把开关往左一按，人就到了老年，天天退休在家里，养鸟、种花、看小说、打扑克，什么考试啊，竞争啊，勾心斗角啊，发财不发财啊，统统都不用去想了，怎么轻松怎么过。把开关往右一按，人又到了婴儿时期。从婴儿到幼儿园大班都不错，有爸爸妈妈抱着亲着，爱哭就哭爱笑就笑，天天都可以逛动物园，看动画片，吃巧克力……"

邢老师笑着问一句："那么，你所享用的社会财富由谁来创造呢？"

金铃叹着气说："我也在这样想呢。也许我们只能偶尔用一次时光机，比如马上升学考试时。把灾难躲过去，然后还回到现实。"

邢老师收起笑脸，忧心忡忡地说："孩子们，我本来以为今天的交谈会很轻松，因为大家可以随意放开心思。没想到所有的话题都这么沉重，使你们在这个快乐的日子里伤心了，我很抱歉。"

金铃幽默地说了一句："没什么，习惯了。"

邢老师追问："习惯了什么？"

"上课，做作业，考试，成绩不好被老师批评、家长责骂，成绩好的时候稍微高兴几天……就这些。"金铃的语气相当平淡。

邢老师还想说几句，端正一下孩子们的思想，可是她站了半天，嘴唇嗫嚅了几次，终于又什么都没说。她觉得该懂的他们都懂，他们的想法甚至比老师还要丰富复杂。将来只有指望他们从生活这部大书中得到更多的教益。那时候他们会回过头来感谢学校，感谢教育，会对今天说的这些稚嫩偏激的言语后悔不已。

于是她摆摆手说："班会到此为止吧，要是耽误了复习，校长有意见，你们的家长也会有意见。下面我们抓紧时间照相。倪志伟，你的相机呢？"

倪志伟马上把一只日本产的"傻瓜"相机举起来："在这

儿呢！"

邢老师说："那好，我们到下面草坪上排队。"

一个班的学生蜂拥而出，从四楼下到一楼，一路发现各个班都在搞庆祝"六一"的活动，有唱的，有跳的，还有搽了胭脂口红翘着嘴唇走来走去的爱美的小女孩子。低年级学生每人都领到了食品厂来做推销广告的包装漂亮的零食，吃得满手满脸都是白的红的碎屑，模样有点古怪。于胖儿羡慕地嘀咕道："怎么没有发给毕业班学生品尝的呢？我们才是专家呀！"倪志伟就揶揄他："顶好将来你到食品厂工作，有你吃够的日子。"

草坪上太阳很晒，晃得大家睁不开眼睛。等各人按照上体育课的高矮顺序排好，一个个已经汗流满面。张灵灵不住地催促："快点！快点！"

倪志伟拿出摄影师的架势，几步跳到队伍前面，竖起一根手指说："眼睛都看我这儿！准备好了吗？"

邢老师突然喊："慢！再检查一下你的相机！"

倪志伟被她一提醒，竟呆在原地不动了。邢老师很着急，问他怎么回事。他苦着脸说："我忘了带胶卷。"

一句话说出来，全班热闹了！有笑话他的，有责骂他的，七嘴八舌哄成一片。太阳热辣辣地照着，给松散的队伍更添了一层躁意。倪志伟这回洋相出得不轻，从额头到脖根通红一片，也不知是臊的还是晒的。

邢老师当机立断，从口袋里掏出 50 块钱："校门外不远就有彩扩店，谁跑得快去买两个彩卷？"

于胖儿自告奋勇地说："我去吧。"拿了钱就往外猛跑。那双凉鞋也不知道是嫌大还是搭扣太松的缘故，依然是趿拉在脚上，跑起来直响。

这边等着的同学因为无所事事，排好的队伍很快又散了，三个一群五个一伙的围着说闲话。娇气一点的女生，比如刘娅如、张灵灵，见缝插针地躲到了草坪处的树阴下。那树其实极小，树冠的阴影不过磨盘那么大，也就是心理上觉得凉快了一些罢了。

尚海半弯了腰，正傻愣愣地盯着杨小丽的裙子后面看。金铃走过去揪起他来，威吓他说："偷看女生，我给你报告老师去。"

尚海摆摆手，很神秘地对金铃说："你看她裙子后面——看见了吗？"

金铃大惑不解地问："没什么呀！"

尚海着了急："还没什么！有一块血迹！你瞧，看见了吧？"

金铃看见了，血迹还很新鲜，有茶杯口那么大一块。好在杨小丽穿的是一条白底紫花的裙子，不留意的话不会发现。

"你说会是什么？是不是她刚才坐在草地上的时候压死了一只田鼠什么的？要不，有小流氓对她动了刀子？可她应该有感觉才对呀……"

尚海拧着眉毛，拿出一副大侦探的派头，自言自语地推理和判断。

金铃不能容忍男生对她的好朋友品头论足，狠狠地瞪了尚海一眼，走过去在杨小丽耳边说了几句话。杨小丽慌忙伸手到裙子后面去摸。这一摸，她吓得大哭起来，因为她摸到了满手鲜血，五个指头都粘乎乎的。她举着那只血糊糊的手，手掌上像是长出了五根小红萝卜，谁看着都觉得心惊胆战。

邢老师急急忙忙地赶了过来，把杨小丽前后一看，马上说："跟我走。"慌慌张张拉着杨小丽到她的宿舍去。一草坪的同学都面面相觑，莫名其妙，不知道发生了什么事。金铃心里好奇，犹豫了一下，仗着是杨小丽的好朋友，便脸老皮厚地跟了过去，活像条傻乎乎的尾巴。

邢老师回头问她："金铃你跟着干什么？"

金铃说："我怕她出事。她到底怎么啦？"

邢老师哭笑不得地说："她来例假了。"

金铃不敢再问，一路走，一路都在琢磨"例假"这两个字。毕竟也是快 12 岁的女孩子了，心里有那么点明白，又不能全明白，在似明白非明白之间，越发感觉事情的神秘和新鲜。

邢老师打开自己小房间的门，先拿出自己的内裤和一条深色裙子，又从衣箱里翻出一包卫生巾。邢老师问杨小丽："你妈妈给你讲过这类的事吗？"杨小丽摇头。邢老师说："她应该讲一讲。"邢老师就拆开卫生巾的外包装，详细地告诉杨小丽如何使用它。

杨小丽脸色煞白，因为惊慌和害怕，满头满脸都是汗水。

邢老师安慰她："别害怕，没关系的，每个女孩子都要经历这一关，迟早都要。你换上我的衣服，把卫生巾用上吧。"

邢老师怕杨小丽害羞，拉了金铃一把。两个人退出门去，邢老师随手把门带严。

金铃一声不响地站在邢老师身边，嗅到了她身上那种母亲的气味。这一刻金铃心里忽然涌出许多的庄严和神圣，为自己目睹了一个女孩子开始走向成熟的过程而自豪。她侧耳细听房间里窸窸窣窣的声音，转过脸来问邢老师："老师，我也有一天会这样吗？"

邢老师笑起来，抬手摸摸她的脸："当然，你也会。"

"为什么现在还没有？"

"因为你年龄还小。你比杨小丽她们小了一岁。"

金铃有些惆怅，要是那一天她也能碰上邢老师这样的老师就好了。千万不能是个男老师，那样的话可就糟糕透顶。

门打开了，杨小丽穿着邢老师的深色裙子羞答答地站在她们面前。裙子有点大，松松垮垮的，看上去杨小丽像个少年老成的小妇人。

"都弄好了？"邢老师轻言细语地问。

杨小丽垂着眼皮，点点头。

"好吧，我们还回到草坪上去。胶卷大概也买到了。"

金铃紧挨着杨小丽走，又把手伸过去，在两个人的身体中间摸到对方的手，轻轻握住。她用这样的方法表示对好朋友的支持和安慰。

胶卷已经买了回来，胡梅也已经把队伍排列好，就等着她们三个。金铃拉着杨小丽的手，一直把她送到该站的位置上。邢老师微笑着说："有点小事，已经处理好了。来吧，孩子们，我们一起照相。"

倪志伟因为出了一回洋相，现在格外卖力，一会儿退后，一会儿往前，执意要寻找到最佳角度，把全班同学一个不落地框进他的镜框里。为保险起见，他们特意多照了几张。后来胡梅又上楼把校长和几位任课老师都请下来参加。然后，男生单独合影，女生单独合影，各组也分别合了影。因为胶卷还多，全班同学就争着跟邢老师合影一张留念。最后连金铃跟同座尚海都合影了一张。两个人站在一起仍然可笑，金铃像只穿粉红裙子的大白鹅，尚海是伸长脖子神气地站在白鹅翅膀下的小公鸡。

整个照相过程中，金铃几乎寸步不离她的好朋友杨小丽。她不断地要转到杨小丽身后去看看，显得比杨小丽自己还要提心吊胆。杨小丽对她的行为哭笑不得，苦了脸求她："金铃你别这样好不好？你让男生都觉得好奇了。"

金铃说："好吧好吧，我最后再看一次。"

她又转到杨小丽身后去看了一次。

照相结束，邢老师允许大家在草坪附近自由活动一会儿。杨小丽赶紧离开大家往角落里走，神情有些落寞，有些怅惘，又有那么点说不出的哀怨。

金铃追上去说："杨小丽，你是不是很难受？"

杨小丽摇头。

"你疼吗？头昏吗？要不要喝水？"

杨小丽转过身，面孔通红地说："别跟着我好不好？我心里烦！"

金铃吓坏了，她还从来没见过杨小丽对她发这么大的火。她小心翼翼问她："是不是来例假的人心里都会烦？"

杨小丽一屁股在低年级玩的翘翘板上坐了下来，狠狠地看着金铃:"你不懂,你还是个小孩子,你什么都不懂!"

金铃手足无措地立在她身边。

杨小丽继续大声喊:"你不懂你不懂!"忽然她嚎啕大哭,肩膀一抽一抽,泪水糊得一鼻子一脸,"你不懂,金铃,你真的不懂!女孩子来了例假就是大人了,我现在已经是大人了,可我还不想这么快就做大人,懂吗?我整天就是学习,学习,连游戏机都没有痛痛快快玩过一次。我不知道快乐的童年是什么样子,真的不知道。我从来也没有童年。可我现在一下子又要做大人了。我好不甘心呢,金铃你知道吗?我是为这个心里难过……"杨小丽说。

金铃坐到杨小丽身边,抚着她的肩膀,心里难受得也想跟着哭。

最后一个儿童节就这么过去了。因为杨小丽的事,金铃觉得这一天印象深刻得一辈子也不会忘记。

傍晚回家,爸爸已经难得地早早下了班,正钻在厨房里和妈妈忙乎着什么。一见金铃进门,他笑容满面地叫起来:"啊,儿童节公主驾到!卉紫,快点快点,上菜!"

像变戏法一样,金亦鸣和卉紫眨眼工夫便把一张小饭桌堆得满满的。满桌都是金铃最爱吃的东西:烧鹅、卤肉、炸猪排、炸土豆条、葱爆牛肉、炒鸡杂……

金铃惊讶地问:"今天不减肥了?"

金亦鸣笑呵呵地说："不减肥，不减肥。今天是你最后一次过儿童节，应该庆祝一下，留个纪念。"

金亦鸣甚至拿出一瓶青岛啤酒，动员金铃也喝几口。卉紫抢过杯子说："她不能喝，晚上恐怕还有作业。"

金铃这个晚上偏偏没有作业。可是她不想喝啤酒，不喜欢那种怪怪的味道，宁可喝酸梅粉兑成的饮料。

饭后爸爸妈妈都送了她礼物。卉紫送的是一本带锁的日记本，深蓝色绸面，很华贵很大人气的那种，只是封底印有她们杂志社的名字。金铃准备明天把这个礼物转送给杨小丽。金铃自己目前还没有什么需要上锁的秘密，书包每天都要被卉紫检查一遍，洗澡的时候卉紫还会钻进浴室帮她擦背，一个连身体隐私都没有的人，她还想保留什么秘密吗？

爸爸送的是一支笔杆带墨绿花纹的钢笔，这是爸爸有一次得的奖品。金铃当即旋开笔帽写了几个字，笔划很细。金铃就很喜欢。细钢笔容易使她的字看上去整齐一点。

卉紫说："再想一想，关于这个儿童节，还有什么心愿没有了结？"

金铃马上就说："还想看一次幸幸。"

卉紫拍拍脑门："啊，我差点儿把她忘了，是该看看她去。"

金亦鸣不同意："天晚了，幸幸外婆家还在郊外，你们出门我不放心。"

金铃抬头看妈妈，目光里露出恳求。卉紫想一想，咬咬牙说："没关系，我们'打的'。"

金铃提醒她："路很远呢。"

卉紫这回表现得很豪气："100块够吗？"

金铃很感动，觉得妈妈到底不是俗人，大多数时候还是能够理解她的。

车费来回花了70多块。幸幸本来都准备睡觉了，金铃母女一下子从天而降似的，把她惊喜得连声叫唤。金铃把自己的一套《格林童话》带来送了给她。金铃很喜欢这套书，她想幸幸也会喜欢。幸幸手抚着书封套说：我还没上小学呢，还不认识书上的字呢。金铃就说，那有什么关系？总有一天你会上学的是不是？总有一天你会读懂上面的故事的。她又跟幸幸说好，暑假请幸幸到家里来玩，她们还睡一张床。她跟幸幸拉了钩，又跟幸幸的外婆也拉了钩。

回家的路上，繁星灿烂。从新开的高架路上看下去，城里无数灯光比繁星更亮，数不清的汽车首尾相接，在马路上开成了一条流淌的灯河。金铃幸福地叹着气说："生活真好啊！我真想快一点长大呢！"

卉紫坐在金铃旁边暗暗地笑。她想这孩子真是个读文科的料，怎么就随时随地都有这些感慨生出来？

二十六　跑吧,孩子,冲刺吧

6月28日上午考语文。6月29日上午考数学,下午考英语。校长生怕有人不够明白,用红纸把这个简单的考试日程表写出来,贴在楼前布告栏里。

全区小学分作8个考场,新华街小学是其中之一。新华街小学的毕业生就很幸运,用不着提前一天到人家学校里去看考场、看座位。

27日上午,数学张老师到班上来,特地对他的学生嘱咐了一遍"考试须知"。遇到很难的、做不出来的题目怎么办啦，心慌意乱时怎么办啦，发现考卷有问题怎么办啦，验算时要怎么办啦……凡是从开考到收卷之间分分秒秒可能出现的问题都设想到了，并且有针对性地想出了措施，要同学们务必记住。

"还有一件事。"张老师诡秘地往门外看了一眼，走过去小心把门关上，"还有一件事，算是我们之间的秘密。"

他仿佛带点随意的，像是说一个笑话那样的，说起了前几年考试中的"作弊手段"种种。比如说，有的学校让学生统一在卷面上抠一个小洞，因为同一考场的考卷都是装订在同一卷册中的，万一本校老师碰巧改到了这一册试卷，那就"心中有数"了。错的改成对的当然是不可能，但是总能有办法"手下留情"。少扣一分半分，这孩子或许就进了重点中学，这不光是孩子的光荣，也是本校老师的光荣，是学校的光荣。抠小洞也许太暴露，有的学校就用"滴鸟屎"的办法，让每个孩子自带"白雪修正液"，拿到卷子先在卷首滴上一滴"鸟屎"。

张老师两手一摊："可惜这些办法都被别人识破了。'道高一尺，魔高一丈'嘛！哪能这么容易让你作弊呢？"他又一次窥视窗外，确信无人之后话头一转说，"我们不这么傻，我们有更好的办法。这次全班同学统一用蓝色圆珠笔写。记住，是这种蓝色。"

他手里高高举起一支透明笔杆的圆珠笔，走下讲台，在每个同学面前展示了一遍。"都记住了吗？要是哪个同学没有，下午立刻去买，学校对面的文具店里就有。可千万不能说出去，连你们的父母也不要说！切记切记！"他挥动拳头，作一个威吓的姿势。

全班学生就很兴奋，一个个在座位上把身子扭来扭去，就跟吃了颗"定心丸"似的。

可是没过几分钟他又急匆匆来了，跨进教室就说："不行不行，不能那么干。校长说了，这回考试纪律比哪年都严，发现有一个学校作弊，这个学校的分数统统作零分算！我们算了，还是别冒那个险吧。"他挥挥手，"刚才的话只当我没说。"又忿忿不平地哼一声，"我就不信我们班的数学成绩会比别人差！"

全班一齐哈哈大笑。张老师搔搔头皮，也跟着笑，露出一排整齐的牙。

下午不上学。邢老师宣布了要大家都不再碰书本，完全彻底地休息、放松。金铃一丝不苟地执行了这个命令，坚决不响应卉紫要她再看一遍书的建议。她曾试图让卉紫答应她打开电视，遭到拒绝后也就不再坚持，自己拿出纸和笔画美人儿，在美人衣服上涂胶水，然后把彩色粉笔碾成粉末吹上去。她自己先大惊小怪地赞美、欣赏，又打电话告诉杨小丽她的这个发明。

卉紫心里想,还真是个孩子呢,一丁点都不知道忧愁啊!

外婆从家里特地赶了来,给金铃送来 4 块米糕和 4 只在街上买的"嘉兴粽子"。外婆没有骑那辆双人自行车,原因是外公心脏有点不好,不敢劳累。

卉紫说:"爸心脏不好,你还赶来干什么?"

外婆说:"我送东西呀!米糕吃了会'高',粽子吃了会'中','高中'、'高中'嘛!给孩子图个吉利。你小时候考中学,就是吃了糕和粽子才考中的。你忘啦?"

卉紫说:"我没忘。可现在都已经是电脑时代了!"

外婆撇撇嘴:"电脑时代又怎么样?有人用气功治病,还不是照样管用?"

卉紫举手投降:"好好好,听你的。"

外婆的脑子有时候很现代,有时候又很封建,简直就是个奇怪的混合体,跟她越缠越糊涂,所以还是休战为妙。

外婆走前又一次嘱咐金铃:"记住啊,明早叫你妈妈蒸热了给你吃。"

金铃很响亮地说:"忘不了!"

外婆便很满意,认为金铃这回没问题,重点中学跑不了。

卉紫对金铃说:"看着吧,接下来该是你奶奶敲门了。"

果然,话音才落,奶奶的大嗓门喊得一楼道人家都能听见:"金铃呢?我给你送猪脑子来了!"

金铃就和卉紫相视而笑,笑得直不起腰来。

奶奶莫名其妙:"笑什么呀?送猪脑子不对吗?吃脑子补脑子,这可是老古话呢!老古话哪句不对?"

金铃说:"奶奶,没说你不对,只是我吃了猪脑子也和猪一样笨,那可怎么办?"

奶奶一拍手:"哎呀,我怎么没想到?该买个大鱼头才是!"

"鱼也不聪明啊。"

奶奶笑眯眯地在金铃头上轻拍一掌:"小鬼头!拿奶奶闹着玩呢。谁能有我们金铃聪明?别说吃脑子,吃草都能长出个宝来!"

晚饭时金铃的胃口很好,奶奶送来的猪脑子,她一个人就吃了一半。这东西卉紫本来不知道该怎么烧,还是经金亦鸣的提示,采用了冬天吃火锅的办法,用汤料烧开,再蘸上许多佐料。金铃说猪脑子和豆腐脑一样鲜嫩。

8 点钟,卉紫催促金铃上床睡觉。金铃这时候表现得有点慌乱了,刷牙时错把卉紫的洗面乳当牙膏挤上去,洗澡时身子没洗,单单把头发洗了,弄了一地的水。

卉紫用询问的眼光看着她:"金铃,怎么啦?"

金铃强笑着说:"没什么,妈妈,我只是在想几个容易写错的字。"

9 点多钟，卉紫到金铃房间去看，金铃还在大睁着两眼想心思。一见卉紫进门，她要求说："能给我吃一片安眠药吗？"

卉紫说："吃安眠药不好，明天会头昏。"

金铃轻轻地说："我以为我不会害怕，其实心里还是紧张的。"

卉紫在床边坐下，把女儿柔软的、汗湿的手松松地握在自己手中，说："没什么，实在考砸了也没关系，妈妈知道你尽力了。再说以后还会有机会，3 年后你还要考高中的，对不对？"

"真的没关系？"金铃眼巴巴盯住卉紫的脸。

"真的没关系。"

"你会认为我是个好孩子吗？"

"当然。"卉紫在金铃脸上轻轻一吻，"妈妈一向认为你是个好孩子，是个很乖的、懂事的、讨人喜欢的好孩子。"

金铃出了一口长气，满意地翻一个身，嘟哝道："妈妈你别走，就坐在我旁边，拉住我的手……"

话没说完，金铃的鼻腔里已经有了细微的鼾声。

卉紫不敢走，她把女儿的小手握在手心里，感受着女儿的心跳和体温。她想，到 3 年后考高中的时候，6 年后考大学的时候，金铃还会像现在这样需要她和依靠她吗？那时候女儿的手会长得比妈妈的手还宽大了，妈妈想握也握不住了吧？

又想，那时候升学的道路会是怎么样的？更宽了还是更窄了？孩子还要付出多少辛苦多少努力，才能在那路上磕磕绊绊占据一个位置啊！

卉紫就这么醒醒睡睡，一动不动地在金铃床边倚了一夜。其间金亦鸣几次踮着脚进来看她，她摆手叫他不要出声。

"让孩子踏踏实实睡一觉吧。"她用哈气一般的声音说。

6点钟醒来的时候，金铃已经忘了昨晚的紧张和忧愁，重新变得像小鸟儿一样快活。卉紫拿出语文书让她背几篇课文试试，她一口气从头背到尾，当中没有一丝结巴。卉紫很满意，认为金铃睡得不错，精力充沛。

金铃吃过外婆送来的糕和粽子，卉紫送她下楼。卉紫说："我只送你到校门口。从前我考中学时，外婆也是把我送到校门口的。"

金铃文绉绉地说："甚至我一步也不要你送。没这个必要。"

卉紫装作没听见，拉紧了金铃的手不放。

经过巷子里的小吃店时，老板娘笑嘻嘻地打招呼："金铃今天考状元啦？我可要等着吃金铃的喜糖噢！"

金铃就开开心心地答应："好啊！"一边说一边跟迎上来

的小黄猫招招手。

出了巷子才发现，满街是赶考的孩子和送考的家长。孩子都拎着装有文具和准考证的塑料袋，轻轻松松，东张西望。一旁的家长背着水壶，提着早点，胳膊上搭着毛巾，手里拿着纸扇，满脸是掩饰不住的焦虑和担忧。还有些人家是全家出动来送考的，爸爸妈妈加上爷爷奶奶，再加上外公外婆，简直是一支浩浩荡荡的送考队伍。有些路远的人家怕赶不上，就花钱打了"的士"过来。马路上车鸣人叫，热闹非凡。

金铃在人群中一眼看见了尚海和杨小丽。半天没见面，她仿佛久别重逢那样的兴奋，高声喊着他们两个的名字，挣脱卉紫的手就要冲过去。卉紫理智地制止了她，因为卉紫看见人家的妈妈还在抓紧最后时间对他们叮嘱什么要紧的话。

忽然身后有摩托车轰鸣过来，卉紫吓了一跳，慌忙拉着金铃避到一边。

骑摩托车的是个20来岁的帅小伙子，穿一身雪白的骑士装，戴一顶红色头盔。后面搭车的人却是穿一身红色绸衫绸裤，戴着白色头盔。前面的小伙子把车停在金铃面前不走了，一脚斜撑着地，将摩托车歪倒过来，让后面的人下车。后面的人动作有点迟缓，小伙子不得不伸手到后面

那人下车后，突然在金铃面前将头盔一掀。金铃大叫起来：
"孙奶奶！"

扶一把。

那人下车后，突然在金铃面前将头盔一掀。金铃大叫起来："孙奶奶！"

卉紫也吓了一跳，万万没有料到来人竟是腿脚不灵便的孙老太太。一时间她竟目瞪口呆，脑子有点转不过来。

孙奶奶用头盔在金铃脑袋上轻轻敲了一下："心慌吗？"

金铃笑嘻嘻说："不慌。"

孙奶奶说："不慌就好。记住奶奶那天跟你说过的话，遇到没把握的题目就怎么样？"

金铃刚想回答，孙奶奶伸一根手指放在嘴唇上："嘘！别说出来，保留这个秘密！"

孙奶奶笑着看看卉紫。金铃也回头对妈妈笑。孙奶奶说："金铃妈妈，你应该对你的孩子有信心。"又说，"金铃记住啊，考完了到奶奶家来，我们该给月季花捉虫了。"

她戴上头盔，扶住小伙子的腰爬上摩托车。真是个童心未泯的老太太。

校长、邢老师、张老师、英语老师……一大群人都等在校门口，给每一个走进门去的新华街小学毕业生鼓劲。校长说："好好考！"邢老师说："要细心！"张老师说："别忘了检查！"英语老师不说话，只笑着伸出食指和中指，做一个表示胜利的英国式手势。

金铃从半开的校门进去了，卉紫和其余无数家长一样被拦在了门外。他们一个个踮了脚，伸长脖子，尽力从攒动的人头之上盯牢自己孩子的背影。盛夏的阳光倾洒在孩子们的身上，为他们跳跃的步伐制造出一种欢快的节奏，与门外忧心忡忡的大人的面孔正好形成反差。卉紫很职业性地想，趁机采访一下他们，会得到一篇很不错的特写，下期杂志可以上头条的。

　　预备铃声尖锐地嘶叫起来，没有来得及走进考场的孩子们开始加快了脚步。卉紫在心里无声地喊："跑啊，孩子，冲刺啊！"

作家与作品

ZUOJIAYU
ZUOPIN

作家相册

我极少去照像馆拍照，这是其中的一次。时间大概是在 1980 年。刚拿到照片时，觉得很失望，怪摄影师把自己拍老了，拍丑了，照片就夹在相册中不再示人。倏忽 25 年过去，再看到这张照片时，惊讶自己也有过肤如凝脂的时候。年老之后看年轻时的照片，张张都漂亮。时间就是这样无情。

1978 年，刚进北大，风华正茂的年华。

20 年前去海南，从湛江过海，惊喜地扑向梦中的椰树林。在林中我捡到了平生第一次见到的椰子果。那果实是大风吹落的，只有拳头大小，我把它一直带回南京。有一天小心翼翼剖开之后，发现它只是个空壳，里面不见一滴椰汁。(1986 年)

南京很少下这样的大雪，有一年偏偏被我们碰到了。全家很浪漫地去总统府西花园踏雪寻梅，女儿开心得忘乎所以。第二年女儿上了小学，功课日益繁重，偶有下雪的日子，总是在她期末考试最紧张的时候，赏雪的心境一去不返。（1989年）

这是先生在英国留学时，我和女儿去探亲，一家三口留下的照片。我们一家很少有合影，出游的时候相机总是掌握在先生手上，他兴致勃勃地替女儿照，尽心尽意地替我照，惟独自己很少出镜。所以我们的家庭相册上，一多半都是女儿各个年龄时期各种神态的留影。不知道别人的家庭是不是也这样。（1992年）

先生已经在香港做事多年，从心里说他一定是希望我去香港发展的，但是他从未明确地向我提过这个要求。他知道我不会愿意，因为我熟悉的生活圈子在南京，我只有在南京的家中才安逸，才能静心写作。每年我们只有很短的几次相聚，其余时间只靠一根电话线彼此相连。我挺满意这样的生活状态，起码比那些日夜相守吵吵闹闹的夫妻好得多。（1993年）

长白山的天池的确是值得一看的地方。那天我奋勇爬上山顶，刚拍下这张照片，宗仁发笑嘻嘻地对我说："你倚着的是块火山石，石基很松，稍一推就能滚下天池。"我回头再看，吓出一身冷汗。这家伙要是说得早了点，我是断不敢爬到山尖倚着峭壁上的火山石拍这张照的。（1997年）

　　我的女儿就是《我要做好孩子》中的金铃的原型。15岁初中毕业，我咬牙送她去了澳大利亚，如今大学都快毕业了。五六年里我只去看过她一次。她不要我去，大概是怕我去了之后管头管脚，又要对她房间里的脏乱差发表意见。我呢，觉得不去也好，眼不见心不烦。（2001年）

　　将近20年之后重游海南，感觉仍然很好。如果只为休闲，完全不必出国，三亚的海边不比任何地方差。（2003年）

　　南非，一个热情浪漫的国度。可爱的木雕、石雕随处可见。出自名家之手的小品，商店里卖好几千美金，路边摊贩摆出来卖的，两三个美金也能成交。摊贩们都会用中国话谈价钱，可见中国游客的足迹已经遍布天下。（2004年）

作家手迹
ZUOJIA SHOUJI

江苏省作家协会

金铃，女，刚过 11 周岁生日，在丰市新华街小学读六年级。身高 1.55 米，体重 50 公斤，标准的重量级选手。因为胖，脸、鼻子、嘴巴都是圆嘟嘟，一看就叫人喜欢，一喜欢就忍不住要在她脸上掐一把。金铃从小长到大，脸腮上被人掐过上千回，用她的话说，都快被掐出老茧来了。

金铃最大的特点是跟谁都能够"自来熟"，男女老幼年贵贱，她一概都能搭得上话、聊得上共同的话题，时不时还把对方逗得哈哈大笑。从她的学校到家，一路上要经过四个小杂货店、三个小吃摊、一个美发厅、一个修自行摊，还有一个新开张的礼品店。这些店里的老板和伙计，都是金铃的忘年交。

主要著作目录

ZHUYAO ZHUZUO MULU

书 名	出 版 社	年 份
小船，小船	江苏人民出版社	1981
唱给妈妈的歌	江苏人民出版社	1983
芦花飘飞的时候	少年儿童出版社	1983
在水边	福建人民出版社	1984
在这一瞬间如此辉煌	福建人民出版社	1984
遥远的地方有一片海	少年儿童出版社	1985
给你奏一支梦幻曲	花城出版社	1988
夜夜狂欢	上海文艺出版社	1989
午夜鸡尾酒	江苏文艺出版社	1992
何处归程	江苏文艺出版社	1992
世纪恋情	作家出版社	1993
派克式左轮	海南国际新闻出版中心	1994
生命激荡的印痕	上海人民出版社	1995
玫瑰房间	河北教育出版社	1995
藤之舞	云南人民出版社	1996
忧伤的五月	华夏出版社	1996
新乱世佳人	江苏文艺出版社	1997
我要做好孩子	江苏少年儿童出版社	1997
黄蓓佳文集(四卷)	江苏文艺出版社	1998
窗口风景	江苏人民出版社	1998
婚姻流程	上海文艺出版社	1999
今天我是升旗手	江苏少年儿童出版社	1999

书　名	出　版　社	年　份
目光一样透明	江苏文艺出版社	2001
我飞了	江苏少年儿童出版社	2002
危险游戏	花山文艺出版社	2002
玻璃后面的花朵	知识出版社	2002
我喜欢百合的香味	浙江美术出版社	2003
漂来的狗儿	上海文艺出版社	2003
没有名字的身体	人民文学出版社	2004
中国童话	江苏少年儿童出版社	2004

本书获奖记录

BENSHU HUOJIANG JILU

1 第十届华东六省优秀少儿图书一等奖。(1997 年)

2 江苏省第六届优秀图书特别奖。(1997 年)

3 中宣部第六届精神文明建设"五个一工程"奖。(1997 年)

4 江苏省第三届精神文明建设"五个一工程"入选作品荣誉奖。(1998 年)

5 第十批全国优秀畅销书(少儿类)。(1998 年)

6 第四届全国优秀儿童文学奖。(1999 年)

7 第五届宋庆龄儿童文学奖提名奖。(2000 年)

打开孩子的心扉

——喜读《我要做好孩子》

束沛德

20 世纪 70 年代末、80 年代初活跃于儿童文苑的黄蓓佳，为孩子们写了《小船，小船》、《阿兔》、《心声》、《芦花飘飞的时候》等中、短篇小说，这些作品以擅长于发掘、刻画孩子的美好心灵、富有抒情色彩而赢得好评，时隔十多年，黄蓓佳在从事多年成人文学创作、积累了相当的创作经验，并对少年儿童生活有了新的感受和体验之后，又一次拿起笔来为孩子们写作，奉献出一部洋溢着新鲜时代气息、格调明朗的长篇小说《我要做好孩子》。这表明黄蓓佳对儿童文学情有独钟，对未来一代怀有炽热的挚爱之情。

《我要做好孩子》这部小说取材于日常的学校、家庭生活，写的是一个六年级小学生和同学、老师、家长之间的一些普普通通、平平常常的事情。好像是信手拈来，全不费功夫。其实是"厚积薄发"，是作者多年来对儿童生活有了新的积累、真切体验后有感而发，在十多年前，黄蓓佳在《我寻

351

找一支桨》一文中，极其清醒地意识到："我的生活是小船借以航行的河流。这河流太浅了，小船行驶过一段之后，似乎有了快要搁浅的危险。必须注入更多的水。"水的源头是儿童生活。这些年黄蓓佳往河道里注入了足够的水，现在她又划着自己的文学小船继续向孩子们心灵深处行驶了。

我读这部作品，深切地感到，作者是把孩子当做朋友，以一种亲切的、完全平等的态度来同他们对话。这样，她就能打开孩子的心扉，走进他们的内心世界。小说通过娓娓道来的生活故事，艺术地表现了十一二岁孩子们的追求和渴望、喜悦和苦恼，真实地反映了当代儿童的心声及其期盼得到成年人理解、信任的愿望。抒写小学生的真情实感，十分贴近 20 世纪 90 年代孩子的生活和心灵，正是这部小说的艺术吸引力、感染力之所在。

作品着力刻画的六年级小学生金铃，是我们似曾相识而又很有个性特点的一个普通女孩，她像是生活在我们周围的那群系着红领巾背着沉重书包的高小生中的一个，金铃面对着做不完的作业，没完没了的考试，过于看重分数和名次的老师、家长，以及被逼着进强化训练班、学钢琴、减肥等等，所有这些，似是当代小学生共同的遭际和命运。她体能上、精神上承受的负担、压力，可说是烙有鲜明的时代印记。小说作者紧紧抓住金铃那大大咧咧、天真烂漫的性格与一味追求高分、升学率的教育环境之间的矛盾，和她那比上不足、比下有余的平平表现与家长、老师过高的期望值之间的矛盾来编织故事情节，并从这些矛盾冲突中展现主人公事与愿违的苦恼和不被大人理解、看重的委屈，揭示出她那单纯而又色彩斑驳的内心世界，当我们听到不堪重负的金铃发出"老鼠太可怜了，没有人喜欢的动物太委屈了！……我就是可怜的老鼠"、"做人有什么意思啊？除了学习还是学习，一点点快乐都没有，一点点自由都没有，还不如做一条蚕宝宝呢"这撼人心魄的呼唤时，越发深切地感到，沉重的书包不仅压弯了孩子稚嫩的肩膀，而且严重地压迫着他们整个的心灵。小读者读到这里，会为主人公倾吐出他们想说的心里话，宣泄了积淀在他们内心深处的苦涩、愤懑的感情而得到满足。而大读者则不能不引起深沉的思索，回应孩子们真诚的、出自肺腑的期待理解和信任的呼唤。

黄蓓佳笔下的金铃，是一个善良、正直、机灵、有头脑的孩子，她可不是"窝窝囊囊"、"烂泥巴扶不上墙"。作者用饱含深情的笔触，通过一些富有个性色彩、不同寻常的思想行为，如：自作主张地把一个没家的小女孩领回家；用自己仅有的一块二毛零花钱买了一枝康乃馨送给病中的邢老师；为挨饿的蚕宝宝找桑叶而东奔西跑、翻墙越栏……揭示出她那重感情、富有同情心、纯真美好的心灵。尤为精彩、动人的是，作者从90年代孩子的生活、思想实际出发，努力挖掘他们性格中那些闪光的、积极向上的、最可宝贵的东西。书中描写金铃在"扔垫子"事件上受了冤枉、委屈后的心理和讨回公道的过程，生动地表现了她的机灵、正直和是非分明、爱憎分明的品质。这件事不仅激发了她要争取做一个好孩子的上进心，而且在她幼小的心灵里竖立起一根标杆，一个与传统的、流行的观念不同的好孩子的标准，即：不把分数、成绩看作衡量一切的标准，而诚实、不自私怯懦，品学兼优，心智健全发展才是最重要的。金铃在长辈的理解、帮助、引导下，克服自身的弱点，越过成长道路上的障碍，一步一步接近她努力追求的那个让老师、家长都满意的好孩子的目标，作品所提出的应当做一个什么样的好孩子的严肃课题，对小读者、大读者都是有启迪意义的。正如一位论者所说的：光有品性没有知识是脆弱的，但没有品性光有知识是危险的，是对社会的潜在威胁。

一本优秀的儿童文学作品，总是深入浅出、老少咸宜的。《我要做好孩子》与不久前受到广泛好评的长篇小说《花季·雨季》一样，深入儿童内心世界，内涵丰富，而语言浅显流畅，是孩子们和成年人都会饶有兴味阅读的书。孩子们从这本书里可以倾听到自己的声音，寻觅到自己的面影。成年人则可以从书中感受到孩子们的呼吸、脉搏，了解、把握90年代儿童的心灵轨迹，从而引发出关于如何教育孩子做人、如何塑造孩子的性格，乃至我们应当把一支什么样的四化后备军、生力军带入21世纪诸多问题的思索，得到有益的启迪。

倾听孩子的心声

——读黄蓓佳的儿童文学新作《我要做好孩子》

金燕玉

正如文学需要倾听人民的心声一样，儿童文学需要倾听孩子的心声。

孩子的心声常常被成人们——家长、教师所忽视，被社会所忽视。如果只是把孩子当做被动的受教育者，摆出一副以教育者自居的高高在上的姿态，那么就不可能去倾听孩子的心声。至于那些溺爱孩子者，也不在倾听者之列，他们有的只是简单、狭隘的爱，缺乏宽广的心胸和理解的头脑。更有等而下之之辈，将孩子视为可以随意责罚、打骂的对象，则已经把自己放在恃强凌弱的位置上，粗暴行事，谈不上"倾听"之说了。只有尊重孩子独立的人格，理解孩子独特的个性，把孩子作为平等的朋友看待，良师即益友，父母即益友，才可能获得倾听的资格。倾听，需要具有文明的儿童观和科学的教育法；倾听，需要付出爱心和耐心、责任心和理解心。当整个社会能够倾听孩子的心声，那么就意味着为孩子们营造了适合他们成长的小小天堂。这是一个非常艰难而有意义的精神工程，在 20 世纪即将结束的今天，这项工程还远没有完成，社会和学校都还没有成为孩子们的天堂。当我们读完黄蓓佳的儿童文学长篇新作《我要做好孩子》，就不能不发出如此的感叹。

黄蓓佳阔别儿童文坛已有多年，早在 70 年代末，当她还是一个年轻的大学生的时候，就凭着知青时代当教师的阅历，凭着对童年的新鲜记忆，写下了以《小船，小船》为代表的一系列优秀儿童作品。以后，她走向成人文学创作，始终在不倦地笔耕。在经历了结婚成家、生儿育女的人生阶段以后，她终于又捧出儿童文学的力作《我要做好孩子》，实在可喜可贵。可喜的是，儿童文坛的宿将归来矣；可贺的是，她的新作达到了新的境界、新的成就。那就是走进孩子的心湖，倾听孩子心声的境界，对所见所闻作朴实无华、自然晓畅、成熟有趣的叙述，其间渗透进她对儿童、对教育、对人生价值的独特思考和精辟思想。

打开《我要做好孩子》，真实的孩子的生活气息就扑面而来，一个天真活泼、开朗大方的小胖女孩几乎跳着向我们走来，这位十二岁的六年级小学生金铃的日常生活构成了全书故事，深深吸引我们的是她那快乐的性格与超常负荷之间的矛盾冲突，能够强烈地引起小读者们的共鸣。通过金铃的故事，黄蓓佳淋漓尽致地描述了幼小生命所不能承受之累，沉重的书包犹如一座大山压着金铃稚嫩的双肩，她日复一日地埋身于作业、考试、评比、分数之中，不能呼吸到大自然的新鲜空气，无暇顾及自己的爱好、兴趣、娱乐、游戏，在她的生活中，没有公园，没有博物馆，没有少年宫。她那快乐的性格不甘寂寞，常常童心大发，在放学回家的路上去逗逗小黄猫，养几条捡来的蚕宝宝，找空子画贺年卡，努力设法看一会儿电视，可惜这些乐趣太少了，快乐的她总是被不快乐包围着，"快乐就像肥皂泡一样，转瞬即逝"。随着黄蓓佳那仿佛不带感情的纯客观的实录式描述，我们分明听到了小主人公心里的呼声："把快乐还给我们！"快乐是孩子天生的权利，不能剥夺，倘不理解这一点，就不能当父母、当教师。早在20世纪40年代，我国伟大的教育家陶行知就写下了《儿童四大自由》："如果我是一个小孩：我不要恐怖；我不要饿肚；我要玩得高兴；我要有机会长进。"90年代的儿童已经有了前面两项自由，后面两项自由却尚未达到。黄蓓佳塑造了小女孩金铃的形象，正是为儿童争取"玩得高兴"的自由，还要争取"要有机会长进"的自由。

围绕着孩子长进的机会问题，作品表现了更为深刻的内涵。黄蓓佳笔下的金铃，既是一个乐天派，还是一个中等生，颇具文学才华却害怕数学，潜力大、资质佳却未能得到发挥。这位中等生金铃挨批评时多、受表扬时少，始终被排斥于"好学生"的行列之外，而且面临着不能升入好中学的危险，成天战战兢兢、如履薄冰，一不小心，就会掉进"差生"的泥坑。本来可以大有长进的金铃眼看就要没有机会长进了，这是谁的过错，当然不是金铃的过错，而是教育体制、教育方法中的模式化、机械化的过错。用一把尺子去衡量不同的学生，用惟一的标准去要求不同的学生，学生不能自由选择各种上进的机会，只能拥挤在一条狭窄的"华容道上"，怎么能发挥出才华和个性、资质和潜力?通过金铃的形象，黄蓓佳概括了芸芸小学生的命运，透视了学校教育与孩子成长不相适应、甚至适得其反的弊端，极其真实地表达了孩子们的心声。

更加可贵的是，黄蓓佳把小主人公金铃的话"我要做个好孩子"作为全书的中心话语，贯穿全书，久久回荡在人们的耳边，真是余音绕梁，令人震撼和回味。这个作为作品题目的中心话语，是孩子心声的最强音，交织着孩子渴望得到肯定和害怕得不到肯定的两种心态，冲击着关于好孩子的传统定义和成见。在孩子们如此迫切而焦虑的呼声面前，任何一个有良知的成人都不应该无动于衷、漠然处之。这句话使得金铃的妈妈开始理解女儿：

卉紫才知道女儿的心里是有很多很多委屈的，多年来不被看重、不被称赞的平淡无奇的生活，其实是深深刺伤了孩子的心灵，她也许真的努力过，却因为年龄、性格、能力种种的原因而无法比别人做得更好。她常常用快乐把自己掩盖起来，而实际上她心里很在乎别人的看法和态度，盼望着父母的宠爱和赞美。

这句话也使得金铃的老师改变了固有观点：

> 好孩子的内涵太丰富，它所有的光圈不全是由100
> 分组成的。

正因为好孩子的内涵极为丰富，所以在每个孩子身上都
有好孩子的因素，应该树立起"人之初，性本善"的儿童观
念，相信每个孩子都有可能成为好孩子。把大多数孩子排斥
于好孩子的行列之外，把好孩子的花环固定地套在某几个宠
儿身上，甚至机械、粗暴、不负责任地把孩子分为好孩子和
坏孩子，分为三六九等，实属谬误和无知。从这个意义上
看，黄蓓佳的新作《我要做好孩子》的影响将十分深远而重
大，这是她洞察孩子心灵、倾听孩子心声以后进一步把握、
思考的结果。

当黄蓓佳与孩子的心灵息息相通以后，她的叙述也就轻
快自如起来，具有新写实主义的艺术风格。仿佛一切叙述都
是从心底流出来的，在不经意之间流露出幽默，很有可读
性。所叙述的又是小主人公金铃的日常生活情状，她的快乐
和悲哀，她的失败和成功，她的恶作剧和做好事，她的烦恼
和得意，她的怪事和奇遇，起起伏伏，错落有致，构成了内
在的二重组合的节奏，仿佛为小学生谱写了一部咏叹调。能
够把平常的小学生生活写得有声有色、富有魅力，足见黄蓓
佳的艺术功力。

鄂新登字 04 号

图书在版编目（ＣＩＰ）数据

我要做好孩子 / 黄蓓佳著. —武汉:湖北少年儿童出
版社, 2006. 1
（百年百部中国儿童文学经典书系）
ISBN 978-7-5353-3177-9

Ⅰ.我... Ⅱ.黄... Ⅲ.儿童文学—长篇小说—
中国—当代 Ⅳ.I287.47

中国版本图书馆 CIP 数据核字（2005）第 080019 号

书　　名	**我要做好孩子**					
©	黄蓓佳　著					
出版发行	湖北少年儿童出版社	业务电话	（027）87679199 （027）87679179			
网　　址	http://www.hbcp.com.cn	电子邮件	hbcp@vip.sina.com			
承 印 厂	湖北恒泰印务有限公司					
经　　销	新华书店湖北发行所					
印　　数	74001—84000	印　张	11.75	字　数	206 千字	
印　　次	2006 年 1 月第 1 版，2010 年 12 月第 13 次印刷					
规　　格	880 毫米 × 1230 毫米			开本	32 开	
书　　号	ISBN 978-7-5353-3177-9			定价	17.80 元	

本书如有印装质量问题　可向承印厂调换